Lb 56/182

LA
STRATÉGIE DE LA PAIX

AUXILIAIRE DE LA GUERRE

LA

STRATÉGIE DE LA PAIX

AUXILIAIRE DE LA GUERRE

PAR

ERNEST CHARRIÈRE

Auteur des Considérations sur l'Avenir de l'Europe
de La Politique de l'Histoire
des Négociations de la France dans le Levant, etc., etc.

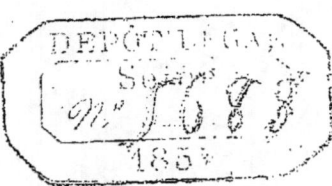

PARIS
TYPOGRAPHIE DE CH. LAHURE
Imprimeur du Sénat et de la Cour de Cassation
rue de Vaugirard, 9
—
1854

LA STRATÉGIE DE LA PAIX

AUXILIAIRE DE LA GUERRE.

PREMIÈRE PARTIE.

DROITS ET PRÉCÉDENTS DE L'AUTEUR DANS LA QUESTION.

I.

Préface et point de départ.

C'était hier : et nous aussi nous avions senti passer sur notre front le souffle de l'*aura popularis*, qui va si rarement s'adresser à l'écrivain, voué à la recherche exclusive de la vérité. A notre tour, nous venions de rencontrer quelque chose de cette émotion sympathique que soulève, on le conçoit, plus facilement, la forme vibrante et passionnée d'une œuvre d'imagination, mais qui, dans la disposition où se trouvaient les esprits, a pu se produire, par exception, en faveur d'une œuvre scientifique, consacrée laborieusement aux origines de notre histoire.

La publication officielle des *Négociations de la France dans le Levant*[1], était parvenue à son troisième volume, et elle arrivait ainsi au milieu du débat qui venait de s'ouvrir en Orient. Mais quoique ce livre retrouvât dans les actes et

---

[1]. Trois volumes in-4°. Paris, 1848-1853, dans la *Collection des documents inédits relatifs à l'Histoire de France*.

rétablît jour par jour l'histoire de notre politique nationale ; qu'en faisant connaître toute la série ignorée de nos hommes d'État et les plus beaux génies politiques qui aient écrit dans notre langue, il fût la plus éclatante manifestation de la suprématie intellectuelle de notre pays à toutes les époques ; il lui restait encore à le placer, pour notre temps, dans une optique de grandeur incomparable, qui l'investît, dans l'opinion, de cette supériorité morale plus puissante que les flottes et les armées. Pour cela, il fallait que ce tableau du passé entrât dans la direction des idées du présent et lui fût désigné par la coïncidence des événements en prévision desquels l'ouvrage avait été lui-même entrepris. Mais alors il a dû à l'accueil qu'il a reçu de l'opinion européenne l'avantage suprême qu'il pouvait ambitionner : c'est celui d'avoir concouru, à son heure, à seconder cette vive expansion de l'esprit public, soutenue si honorablement par la presse de tous les partis, et dont l'unanimité remarquable a eu les effets politiques les plus salutaires.

Ainsi, pendant que le gouvernement impérial prenait sur ce théâtre une initiative si haute, dont la hardiesse, heureusement inspirée, devait être couronnée avec tant d'éclat par le succès ; qu'il ralliait à lui tous les peuples par la fermeté de son attitude, et plaçait du premier coup notre pays à la tête du mouvement européen, l'histoire venait fixer à propos, avec l'autorité des traditions et des siècles, le sens de cette grande médiation exercée par la France en Orient. L'histoire donnait les souvenirs de notre propre gloire nationale pour auxiliaires à l'action militante de la Turquie ; car en montrant, par les actes suivis de nos gouvernements, comment le mécanisme de l'ancien système politique de la France reposait tout entier sur son alliance avec la Turquie, c'était consacrer pour celle-ci ses titres particuliers à l'intérêt permanent de notre pays, et le rendre lui-même solidaire de la conservation de cet État.

Mais cette expérience était pour nous incomplète. Dans le soin que nous avons pris de suivre la recherche de ce grand problème imposé à notre époque, et que chaque jour déroule sous nos yeux, nous avons essayé d'accompagner chacune des phases nouvelles qu'il traverse, en éclairant, par une publication qui va au fond des choses, les faits que la polémique journalière ne peut saisir que par leur surface. En trouvant, dans la littérature russe contemporaine, un livre charmant[1], fulgurant, tout animé du souffle de l'esprit français, et dont les détails s'accordaient avec les observations que nous avions nous-même recueillies sur les lieux et rapportées d'un séjour de quelques années en Russie, l'idée nous vint aussitôt d'en faire jouir et profiter le public. C'était d'ailleurs, au début de la contestation qui s'engageait, une occasion qui nous était offerte naturellement d'instruire, à son point de vue particulier, la cause de l'adversaire dans cette querelle. Cette révélation de la Russie peinte par elle-même devait avoir, selon nous, toute la valeur de l'enquête la plus instructive au moment où l'Europe se demandait ce qu'elle devait attendre de l'esprit et de la civilisation de ce vaste empire.

Dans l'intervalle, la complication que j'aurais voulu conduire à une solution pacifique que réclamaient les intérêts de l'Europe, a pris une gravité extraordinaire au point d'aboutir à une guerre universelle. Les péripéties de la lutte qui commence amèneront des résultats dont l'enchaînement inévitable me donnera lieu de suivre devant le public une démonstration devenue plus efficace à mesure qu'ils viendront la confirmer et la mettre en lumière. Dans l'ordre d'idées qu'elle embrasse, et dans la signification finale qu'elle doit avoir, cette démonstration s'appuie sur une exposition que j'ai déjà faite bien des fois, mais qu'il me reste à présenter avec un ensemble de preuves nouvelles, destinées à la mettre en rapport avec les faits accomplis récemment, et avec les progrès nouveaux que la situation ne manquera pas d'atteindre en se développant.

En attendant et pour aujourd'hui, ce que je voudrais faire ici en passant, ce que je ne puis qu'indiquer tout au plus en quelques mots, c'est d'essayer d'inspirer à notre pays une confiance absolue dans l'expérience qu'il tente ; de

1. Les *Mémoires d'un Seigneur russe*. Paris, Hachette, 1854.

lui faire sentir, qu'à aucun point de vue il ne saurait y avoir de péril pour lui ; que sa sécurité doit être entière et puisée dans le sentiment de sa force. Au milieu des épreuves qui l'attendent, je voudrais lui prouver que, ralliant déjà pour cette œuvre presque toute la somme de puissance active créée par la civilisation, il y joint encore cette force passive qui émane de l'organisation fondamentale des peuples ; cette force des aspirations secrètes, dont la pression agit en définitive pour lui, même quand elle paraît lui être contraire, et venir momentanément l'entraver dans ses combinaisons.

II.

Histoire d'une idée.

Si les précédents de l'auteur lui donnent le droit de prendre la parole à part dans cette question, c'est qu'ils ne sont pas d'hier seulement ; c'est qu'ils datent en effet de bien plus loin, et qu'abordant pour la première fois, en 1836, toutes les idées qui s'y rattachent, l'auteur a, dès le premier jour, posé le problème dans toute son étendue et fixé dès lors la conclusion que sa donnée devait atteindre.

Ainsi son droit ne remonte pas moins qu'à vingt ans bientôt. Dans ce long intervalle, si important dans la vie de l'homme, selon la grave parole de l'historien antique [1], mais qui ne l'est pas moins dans celle de l'humanité, les événements sont venus donner raison contre tous aux déductions de l'écrivain, et les faits, de plus en plus d'accord avec ses prévisions, ont apporté successivement leur confirmation décisive et souveraine aux idées qui les avaient eux-mêmes devancés.

Que voulait l'auteur? Faire connaître à notre pays l'existence d'une France extérieure, toute de sentiment et d'idée, qui s'étend bien au delà des frontières de la France réelle. Pour qu'elle apparût vivante à tous les yeux, il avait à la

---

1. « Grande ævi humani spatium. » TACITE.

dégager tout entière avec ses relations infinies dans les choses, des apparences trop souvent contraires sous lesquelles elle échappe même à l'observation la plus exercée et la plus attentive. C'était, en résultat, expliquer le malentendu qui fait tout à la fois tourner la France et l'Europe dans un cercle d'embarras renaissants et de révolutions sans terme; qui empêche l'une de profiter de ses avantages naturels parmi les peuples, et, par contre-coup, produit pour l'autre et pour la civilisation tout entière cette instabilité dont les sociétés ne cessent de se plaindre, mais qu'elles-mêmes perpétuent indéfiniment par l'incohérence des idées et des systèmes qui les dominent.

C'est pour cela qu'une pensée persévérante lui a dicté tous ses travaux de publiciste et d'historien; qu'elle lui a fait appeler l'attention des gouvernements sur la nécessité où ils seraient bientôt d'aborder avec la Russie l'immense question qu'ils soulèvent aujourd'hui et qu'ils s'apprêtent à trancher avec l'épée. Une série de publications, toutes rattachées l'une à l'autre par cette pensée unique, l'ont embrassée sous chacune de ses faces. Là, l'auteur a pris pour lui la tâche difficile de remonter à ces causes qu'on ne fait pas entrer dans les appréciations ordinaires, quoique seules cependant, elles aient le pouvoir de résoudre ce qui reste, sans elles, éternellement insoluble et en question.

L'auteur avait été conduit à cette recherche en méditant sur les revers qui avaient amené la chute de l'empire, en essayant de ranimer dans les scènes d'un drame épique les passions qui avaient soulevé les peuples et décidé le triomphe de la coalition[1]. Son esprit se révoltait contre une opinion erronée de l'époque, qui ne voyait dans la création de l'empire qu'une conception individuelle et une fantaisie aventureuse, qui la déclarait une œuvre justement avortée parce qu'elle était excessive et sans rapport avec les conditions normales de l'Europe.

Mais, en parcourant dans ses voyages tous les points de la

---

1. La *Chute de l'Empire;* drame-épopée; précédé des *Considérations sur l'avenir de l'Europe.* Paris, Paulin. 1836.

sphère que cette idée avait embrassée, l'auteur avait pu lui-même assister à cette seconde épreuve par laquelle une vérité se confirme jusque dans sa défaite, à cette protestation qui la fait vivre et la maintient dans les masses, quand l'ordre établi sur ses ruines semble la condamner irrévocablement. Aussi il a pu dans sa pensée devancer de bien loin le mouvement national dont l'élan irrésistible est venu de nos jours replacer la France sur cette base, pressentir le moment où une crise se préparant pour la civilisation, on verrait notre pays se rattacher d'instinct au seul nom qui représentât pour lui la tradition vivante de la plus grande force qu'il ait possédée et de la plus grande gloire qu'il ait connue, comme étant seules capables l'une et l'autre de suffire à la grandeur et au péril de la situation.

C'est sous l'inspiration de cette conception magistrale qui sortait selon lui des profondeurs les plus intimes de notre histoire, que l'auteur découvrit pour l'expliquer une loi de pression extérieure qui n'avait été entrevue par personne. Moins encore, elle avait pu être déduite et tirée tout entière de l'ensemble et de la nature des choses, puisque, comme nous l'avons prouvé, la civilisation venue partout et à toutes les époques comme une importation étrangère, s'est constituée chez tous les peuples en opposition avec l'ordre des faits primitifs qui tendent à établir cette loi. Mais elle n'en subsiste pas moins dans le caractère des populations qui la représentent pour la transmettre avec leur sang aux générations ; et par les distinctions essentielles qu'elle fournit à l'ethnographie, sa nécessité s'offre partout écrite sur la face continentale de l'Europe.

Aussi, dans les *Considérations sur l'avenir de l'Europe*, publiées en 1836, reprises et développées plus tard en 1842, dans la *Politique de l'Histoire*[1], l'auteur, s'il n'y parvint pas complétement, essaya du moins de substituer une réalité vivante à cette métaphysique qui se joue éternellement avec les mêmes abstractions. Mais pour détacher les esprits de

---

1. La *Politique de l'Histoire*, 2 volumes in-8°. Paris, Gosselin, 1842-1844.

ces subtiles distinctions que l'on ne cesse de faire entre le passé et l'avenir, entre le droit antérieur et la liberté nouvelle, il fallait leur montrer par quelles causes toutes physiques, tant que les idées se renfermeront dans la sphère où elles flottent au hasard et sans autre boussole que la fantaisie individuelle, elles sont condamnées à s'agiter stérilement; comment, toujours démenties par l'expérience, et incapables de se fixer à elles-mêmes leurs propres limites, elles ne peuvent atteindre dans l'ordre réel à une conclusion positive.

Or, à la place de toutes ces contradictions qui naissent d'un sentiment historique incomplet, l'auteur, en analysant la constitution organique de l'Europe, put établir que les deux principes, entre lesquels on la divisait arbitrairement, reposaient sur une illusion que les événements devaient avant peu faire évanouir. Pendant que la polémique s'en tenant au mirage habituel de ses vagues définitions, rangeait les États en deux groupes pour vouer les uns à *l'immobilité* et à la *conservation*, les autres à *l'innovation* et au *progrès*, l'auteur, qui avait pu s'instruire à la vue directe des choses, montrait ce qu'il y avait de réel sous cette apparence. Il pénétrait jusqu'à la cause fondamentale par laquelle l'unité factice de l'Europe se trouvait scindée en un dualisme effectif, qui n'a pas cessé de former la loi supérieure de la situation et d'exercer en sens contraire son influence attractive sur les intérêts. Mais, en remontant à cette cause, il arrivait nécessairement à démontrer par elle comment l'Europe, sans le savoir, portait dans ses entrailles une révolution déjà mûre et qui en effet allait bientôt éclater avec une intensité foudroyante.

C'était pour la prévenir qu'au nom et par l'autorité de l'histoire, il introduisait dans la langue politique un mot resté jusqu'alors sans signification, et qui n'avait été dans ce sens prononcé par personne. En montrant l'organisation naturelle du monde slave pour en faire jaillir par contre-coup le sentiment du monde occidental et de sa personnalité historique, là où n'existaient alors que de vaines études d'archéologie, de vagues systèmes d'histoire et d'ethnographie; enfin un mouvement de recherches et de restitutions littéraires, il a fixé le premier le sens de la pensée politique sous l'impulsion de laquelle on a vu se propager partout un mouvement inconnu qui a troublé et déconcerté tous les publicistes [1]. L'illyrisme, à peine à son début en 1836, a pris son essor, et de proche en proche, des forêts de la Servie aux montagnes de la Bohême, des extrémités de la Hongrie et de la Pologne jusqu'aux steppes les plus éloignés de la Russie, le travail de renaissance s'est fait sentir. L'émigration polonaise, qui avait été nourrie dans le sentiment d'une nationalité exclusive, surprise de rencontrer sur la Seine des idées pour lesquelles elle n'avait pas succombé sur la Vistule, a pu y puiser l'espoir et la conscience de sa régénération future avec le sentiment de la mission supérieure où l'appelle la fraternité des peuples slaves.

Après cette expérience, l'auteur a droit de montrer dans quels termes la question doit être posée si l'on veut y comprendre tous les éléments de la complication inévitable qui s'apprête, car celle qui se produit en Orient n'est qu'une de ses expressions secondaires, l'une des phases qu'elle traversera pour arriver à la signification générale qu'elle prendra tôt ou tard pour l'Europe. Dès le premier jour il a indiqué toutes les conditions naturelles qui faisaient sortir

[1]. On sait que le caractère des études sur les Slaves, commencées en Bohême, était simplement littéraire. Mais on ne pourrait citer dans la littérature de ces peuples un seul écrivain qui ait, avant 1836, entrevu le côté politique du sujet, et moins encore sa relation avec l'ordre des faits qui concernent l'Europe occidentale. M. Cyprien Robert, qui a pris chez nous une certaine autorité sur cette question, n'a commencé à la traiter qu'en 1842, c'est-à-dire six ans après la publication de mon premier essai, paru en 1836, un an après celle de la *Politique de l'Histoire*, paru en 1841 et enfin après la polémique très-remarquable qui s'était élevée à cette occasion dans la presse française.

C'est à dater de cette époque que les faits encore généralement contestés, et dont les Slaves eux-mêmes n'avaient qu'une conscience confuse, ont pris une progression telle, qu'ils sont arrivés à produire une révolution qui a été sur le point de dissoudre la Prusse et l'Autriche. En se personnifiant déjà dans un parlement slave, cette idée est venue à se poser dans les termes où je l'avais constatée dès le premier jour, et si cette réalisation était trop prématurée pour réussir, elle n'en a pas moins, comme enseignement, indiqué toutes les conséquences et la signification expresse qu'elle emporte pour nous.

pour nous de cette démonstration l'idée d'une politique occidentale fondée sur l'alliance définitive de la France et de l'Angleterre [1]. Cette idée, passée aujourd'hui dans les faits, sans aller jusqu'à l'expression qu'elle est susceptible d'atteindre avec les circonstances, est entrée du moins dans le langage de la politique ordinaire, et les effets de cette association, tels que l'auteur les avait prévus et signalés à l'avance, dessinent déjà, avec une précision merveilleuse, la situation la plus magnifique qui soit encore échue à notre pays, à aucune époque de nos annales.

III.

Le levier et le point d'appui.

Dans la route où s'engage cette grande et féconde alliance, bien des points que l'auteur a signalés sont encore

[1]. Rappelons encore, pour compléter cette liste, d'autres travaux qui donnent à nos recherches, avec le mérite de suite et d'ensemble qu'elles avaient en vue, l'autorité qu'elles reçoivent de la confirmation postérieure des faits. C'est ainsi qu'à propos de la *Chronique de Duguesclin*, publiée par moi en 1839, j'ai exposé les causes de la rivalité historique de la France et de l'Angleterre : mais en la reprenant à l'origine pour l'analyser d'après l'esprit et le sens nouveau que présente le monument contemporain de cette lutte au XIVe siècle, j'ai pu mettre en quelque sorte sous la consécration du passé toutes les transformations que cette intimité pourra prendre de nos jours.

Par la coopération que j'ai donnée en 1847, au moment de la première expédition de Khiva, à la publication du grand ouvrage traduit du russe et qui a pour titre : *Description des Hordes et des Steppes des Kirghis Kaïssacks*, j'ai fourni à la science la seule source authentique qui existe sur l'état de l'Asie centrale ; car cette partie du monde, impénétrable aux voyageurs des autres nations, ne peut être connue que par les relations des auteurs russes. On a pu voir que même sous le coup des derniers événements, et obligée de faire face à l'Europe, la Russie ne perd pas de vue un seul jour les intérêts qu'elle a sur ce point, et elle n'a pas craint de faire concorder, avec l'occupation des principautés du Danube, une expédition nouvelle dirigée contre le Turkestan. Or, ce livre est le seul document officiel et complet qui, en faisant connaître les précédents historiques de la Russie avec ces contrées, puisse constater pour nous les vues politiques qui la portent dans cette direction.

obscurs pour elle, bien des stations seront à parcourir, où les événements la conduiront sans qu'elle puisse aujourd'hui le prévoir et s'y attendre. Si la mission des gouvernements est de maintenir à tout prix ce qu'ils trouvent établi, il y a des faits qui les dépassent, qui échappent à leur action, que cette action même provoque heureusement; car c'est là ce qui donne à la guerre, comme à toute démonstration énergique où toutes les facultés humaines sont en jeu, son droit de progrès et d'utilité souveraine pour l'humanité et la civilisation. Déjà l'intervention en Orient, par l'un de ces incidents imprévus qui amènent dans la crise l'intérêt qu'on avait négligé et passé sous silence, a perdu le sens de conservation purement matérielle de l'empire ottoman pour prendre le caractère d'une transformation morale de cette puissance mise en rapport avec le principe d'une restauration chrétienne.

A mesure que de plus en plus elle avancera dans cette expérience, l'alliance occidentale verra qu'elle peut admettre de même, et sans aucun des inconvénients qu'on suppose, le maintien d'une nationalité indigène, subordonnée à une autorité étrangère. Loin d'être incompatible avec la direction souveraine, laissée partout à la puissance établie qui l'exerce de fait, elle consolide plutôt qu'elle n'infirme pour elle son droit de domination pourvu que, dans le soin de maintenir cette autorité et de régler ses rapports avec les populations qu'elle régit indirectement, on ait égard à la différence des mœurs et qu'on ne dépasse pas la forme et la mesure que cette autorité tient de son existence historique.

Mais en trouvant cette organisation si nouvelle justifiée par l'expérience, elle devra être étendue à bien d'autres points qui la sollicitent et l'appellent de leurs vœux. Car c'est là précisément la donnée vraiment pacifique et civilisatrice; celle qui, dégageant l'autorité et la liberté de leur antagonisme constitutif, s'applique à tous les pays, et supprime pour eux toutes les causes intérieures de dissentiments et de rivalités.

En offrant les seules bases possibles à une association collective des États, cette donnée contient en elle la liberté politique des peuples conciliée avec l'action supérieure des gouvernements, et par là elle est elle-même la révolution suprême qui exclut et abolit toutes les autres.

Faut-il ici, pour l'expliquer, rentrer dans la discussion théorique ? Ce serait pour l'auteur se répéter inutilement. Et d'ailleurs l'attention est tout entière au fait ; lui seul a le droit d'introduire l'idée, de lui donner un corps pour qu'elle vive et se produise aux regards de la foule sous la forme sensible qui la fait pénétrer dans les masses.

Ce qui était possible dans la période de calme et d'attente ne l'est plus quand le monde est en branle ; quand l'humanité s'agite en travail d'aspirations et d'instincts ; que sa voix imposante s'élève dans le silence et fait taire les voix isolées ; quand les plus formidables inventions que le génie de l'homme ait enfantées pour la destruction de son espèce tonnent peut-être en cet instant et vont nous revenir en échos grossissants dans l'espace ; que chaque heure peut apporter le bruit d'un écroulement lointain, la nouvelle d'une catastrophe traversant les airs sur les ailes de l'électricité pour se répercuter dans les âmes en émotions soudaines et effervescentes.

Eh bien ! conformons-nous à cette loi de la circonstance. Expression d'une vérité supérieure qu'il tend à dégager des apparences qui la recouvrent, que le fait s'énonce de lui-même, qu'il parle et se meuve sous les yeux pour arriver jusqu'aux esprits. Ce qui les maintient dans un malentendu perpétuel à l'égard des choses, ce qui arrête éternellement les sociétés au seuil d'une rénovation dont elles ont en elles le sentiment, c'est avant tout l'idée de l'impossible et de l'impraticable.

Un mot tombé de la bouche de Descartes suffit pour changer tout l'ordre philosophique des idées et replacer le monde moral sur une base nouvelle et indestructible. Donnez à Archimède le point d'appui qu'il réclame, et son levier fera mouvoir le monde physique dans le sens de l'impulsion qu'il lui imprimera. Aux mille labeurs qui concourent à une industrie, qui la compliquent de mille efforts perdus, la mécanique, dans le ressort qu'elle invente, ajoute la force par laquelle tout se simplifie ; et les forces perdues dans le vide se subordonnent d'elles-mêmes à la direction supérieure qui les emploie, et, en laissant au détail toute sa propriété et sa valeur, chaque partie se trouve aussitôt vivifiée dans l'ensemble.

Car c'est là la condition absolue que le fait nouveau doit avoir, sortir de l'ordre établi comme sa conséquence logique, trouver le moyen de rectifier l'organisation existante sans y rien changer, accepter toutes ses démarcations extérieures, toutes ses déviations de principe ou de forme, et cependant régulariser tout le mouvement. A ce titre seul, à ce caractère d'évidence, nous lui reconnaîtrons le droit de se produire en face de la situation et d'en donner le mot suprême.

Que si le fait pour arriver aux intelligences a besoin d'une interprétation qui l'explique, que l'autorité la plus auguste en donne elle-même le commentaire ; que la civilisation, s'énonçant par la voix des deux peuples aînés qu'elle a formés pour la défendre et pour la propager sur la terre, expose elle-même la raison qui la fait agir : qu'elle prenne enfin pour organes de sa pensée les deux gouvernements dans lesquels elle se personnifie, et qu'elle appelle à être les fondateurs de l'alliance et de l'union occidentale.

DEUXIÈME PARTIE.

L'ALLIANCE LÉGISLATIVE OU LA REPRÉSENTATION INTERNATIONALE.

I.

Déclaration collective de la France et de l'Angleterre.

« Les deux gouvernements de France et d'Angleterre voulant effacer les souvenirs de lutte et d'hostilité qui remplissent et composent le passé de leur histoire pour obéir à la mission nouvelle à laquelle ils sont appelés entre les peuples, reconnaissent que les rivalités nationales, dans leur permanence et leur relation historique, ont été d'institution divine. Que comme les instincts et les passions de l'homme, comme toutes les autres forces de la nature, elles ont eu pour but providentiel d'amener les peuples à se connaître, à sortir du cadre géographique où ils étaient fixés, à se mêler les uns avec les autres par les migrations, par les invasions, par la conquête, par les alliances, par les colonisations, par les échanges, etc.

« Mais tout en admettant que ces rivalités ont eu leur raison d'être dans le passé, qu'elles ont pu servir aux sociétés dans un état de rapports incomplets et de civilisation imparfaite, ils reconnaissent également que, si l'esprit de rivalité est inhérent à leur institution, il est susceptible de se modifier par des circonstances nouvelles qui en changent le caractère. Que dans le mouvement du monde, le cercle de ces rivalités tend à se déplacer et à s'agrandir ; qu'il est aussi dans les vues de la Providence marquées par la disproportion des territoires, par les agglomérations de races ou d'intérêts identiques concentrés sur certains points, de faire naître l'idée d'une vie collective qui mette des peuples aujourd'hui divisés en participation des mêmes avantages ; d'introduire dans le monde une loi supérieure qui ne livre plus à l'arbitrage de la force les droits des faibles et l'indépendance des États secondaires. Qu'en forçant par là d'autres États supérieurs à renoncer à leur domination abusive ou à sortir de leur isolement égoïste pour reformer par une association réciproque, l'équilibre qui leur échappe et le contre-poids qui leur manque, cette loi nouvelle les conduit à prendre dans cette union collective un sentiment plus large de l'humanité qui transforme les rivalités partielles en émulation générale et continue, et permette ainsi d'asseoir la civilisation sur le développement pacifique des peuples, sans avoir plus à craindre qu'il soit interrompu dans son essor.

« C'est dans ce sentiment qu'ils considèrent de plus que la marche des choses, en répandant la civilisation sur tous les points du globe, a produit l'avénement de deux grands éléments constitutifs inconnus dans l'organisation précédente de la famille européenne. Que constitués d'après des principes nouveaux, et tendant de plus en plus à se séparer d'elle en groupes distincts, la Russie à l'est de l'Europe, comme les États-Unis d'Amérique à l'ouest et au delà des mers, forment deux agglomérations d'intérêts qui se développent avec une rapidité et une progression foudroyantes ; qu'ils offrent ainsi deux vastes bassins géographiques où aucun obstacle n'arrête et ne circonscrit un mouvement ascensionnel des populations concentrées sous la même loi politique, dont tout favorise l'unité progressive, langues, mœurs, similitudes de races et de conditions locales. Qu'en face de cette double perspective l'Occident, siége et point de départ de la civilisation actuelle, se trouve avec la diversité d'impulsion des gouvernements, et les oppositions originaires des peuples, résultant du fractionnement des États qui le composent, placé dans une infériorité relative ; que cet avantage apparent que les deux systèmes extérieurs prennent de jour en jour sur le sien, malgré la supériorité de lumières et de forces réelles dont il est en possession, paralyse tout son mouvement ; et lui enlevant toute sécurité d'avenir, empêche indéfiniment que la véritable liberté s'établisse.

« Que si, pour ce qui regarde les États-Unis, le danger plus lointain n'est encore qu'éventuel, et, outre la distance qui sépare l'Europe du continent américain, lui montre d'ailleurs pour la rassurer, les analogies d'une civilisation commune, fondée sur des principes de liberté réciproques, il n'en est pas de même de la Russie qu'une différence de système rend hostile aux tendances modernes. Celle-ci d'ailleurs, adhère directement à l'Europe, et touche encore par tous ses points au vaste continent asiatique ; par cette position exceptionnelle, elle occupe toutes les routes, ferme tous les débouchés ouverts à l'activité européenne. Mais l'étendue de son territoire, qui forme un monde par lui-même, loin d'être une raison pour que son gouvernement se limite et se modère dans ses vues, devient au contraire dans l'état actuel des rapports, une occasion toujours présente de lutte et de conflit : car cette puissance, touchant par toutes ses faces au nord et au midi, est portée ainsi à se mêler à toutes les questions qui naissent de cet état compliqué, et où elle pèse sur chaque partie de tout le poids que lui donne son unité concentrique.

« La loi de conservation naturelle qui existe pour les institutions humaines comme pour les êtres animés, les porte à chercher dans leur organisation les moyens défensifs qu'elle leur présente pour parer aux dangers extérieurs qui les menacent. Sous la pression d'un état de choses qui a déplacé invisiblement les forces relatives dont se compose l'équilibre européen, et tend chaque jour à rendre cet écart plus dangereux, il s'est produit spontanément un fait correspondant, celui de l'alliance entre la France et l'Angleterre, succédant pour le maintien de la paix générale à la rivalité normale et séculaire des deux peuples. Suscitée pour entrer dans des combinaisons passagères, quittée et reprise sous divers régimes, cette alliance a triomphé tantôt des doctrines de partis qui l'excluaient, tantôt de l'ambition égoïste ou du mauvais vouloir des gouvernants ; toujours elle a formé la loi suprême de la situation, en forçant d'y revenir et de s'y rattacher jusqu'aux opinions les plus dissidentes portées au pouvoir dans des vues toutes contraires ; de sorte qu'il n'est plus possible d'envisager désormais une circonstance qui permette d'y renoncer à l'avenir, ou même de s'en écarter et de l'interrompre un moment. En effet, les causes qui l'ont produite, loin de cesser et de s'affaiblir en devenant moins imminentes, sont évidemment destinées à grandir de jour en jour, puisque, ayant leur racine dans une disposition organique du continent et dans les rapports intimes des peuples qui l'habitent, elles appartiennent à un ordre de faits qu'il ne dépend pas de la volonté des hommes de changer, mais qui la domine au contraire irrésistiblement.

« Mais si, en face de cette nécessité, on veut que cette alliance des deux peuples s'oppose efficacement aux conséquences qu'elle est appelée à prévenir, il faut qu'elle ne soit plus un simple expédient politique adopté pour le besoin du moment ; qu'au lieu d'être un principe vague et de circonstance, elle prenne le caractère d'une institution durable, qui ne l'expose plus aux fluctuations des événements ou aux variations des idées individuelles. Aussi les deux gouvernements jugent l'instant venu de rendre définitif ce qui n'a encore que la valeur d'une convention révocable et transitoire; ils considèrent que l'avenir du monde, les progrès de l'industrie et la sécurité de la civilisation dépendant dès à présent de leur bonne intelligence, ils se trouvent ainsi rendus responsables du maintien de la paix; que pour porter tous ses fruits, cette union doit être fondée de manière à fermer tout retour à un système d'hostilités ou à des vues divergentes désormais aussi inutiles qu'elles seraient fatales et désastreuses pour les deux pays.

« A cet effet, et comme représentant les intérêts collectifs et les sentiments mutuels de deux grands peuples, les deux gouvernements conviennent entre eux de rendre leur alliance indissoluble et leur politique inséparable, et ils se portent l'un et l'autre garants du consentement volontaire et réciproque des peuples dont ils sont les organes.

« Après avoir éprouvé dans la poursuite d'un but politique commun combien il leur était facile, sur l'échange d'une simple note diplomatique, sur la foi d'une convention verbale ou écrite, de faire marcher ensemble leurs armées, d'unir leurs flottes, d'associer leurs trésors, ils ne jugent pas plus difficile, dans un intérêt bien plus grand, de contracter une alliance législative, d'adopter une disposition telle que la suivante, et qui pour être appliquée simultanément dans les deux pays, n'entraînant d'autre effet qu'un acte de leur volonté, n'exige pas plus d'effort de leur part que la moindre des conventions passées jusqu'ici entre les deux peuples.

II.

Association du premier degré. — Disposition provisoire.

« Le principe de cette association étant d'unir les deux peuples sans les confondre, de les lier politiquement sans aliéner leur indépendance nationale, elle a pour point de départ l'ordre actuel, et d'avance elle s'impose l'obligation absolue de le maintenir et de n'y rien changer. Elle se réduit donc à créer un pouvoir de garantie réciproque, qui règle l'action extérieure des deux États. Mais pour être efficace il faut qu'il subsiste d'une manière permanente, et pour avoir une vie propre et ne pas rester une fiction sans valeur, il doit prendre racine dans le sol des institutions de chaque pays. Il y aurait donc tout avantage à ce qu'il parût déjà s'y trouver en quelque sorte établi au moyen d'une relation directe avec les pouvoirs existants, qui pût à la fois le faire sortir de l'organisation intérieure des deux peuples et rentrer dans le mouvement journalier de leurs intérêts.

« Par tous ces motifs, les deux gouvernements conviennent d'adopter et d'introduire simultanément dans leur constitution nationale respective, une simple disposition accessoire qui, tout en respectant l'intégrité des institutions existantes, se borne à modifier par des attributions nouvelles l'un des corps qui composent le mécanisme actuel de ces constitutions.

« En vertu de ces principes, cette disposition s'appliquera au sénat de France et à la chambre des pairs d'Angleterre. Quoique les constitutions des deux peuples placent ces deux corps à la tête des autres institutions représentatives du pays, leur intervention ne s'y justifie qu'imparfaitement. En effet, le corps principal ne s'y trouve pas avoir un caractère précis, ni remplir, avec une utilité bien définie, une fonction normale en rapport avec l'importance fictive et la primauté nominale dont ils sont l'un et l'autre investis.

« En conséquence, ces deux corps seront considérés dès à présent comme distraits de la représentation locale où ils forment aujourd'hui double emploi, tout en continuant de représenter dans chaque pays respectif les supériorités traditionnelles de hiérarchie sociale, unies à celles qui se forment par les services nouveaux et par la capacité éprouvée.

« Mais la cause qui affaiblit et infirme le plus le respect hiérarchique pour les classes supérieures ; ce qui donne lieu, avec une apparence de vraisemblance, aux théories qui contestent leur valeur et vont jusqu'à mettre en question leur existence comme inutile et abusive, c'est lorsque, ne trouvant pas dans l'ordre social une application proportionnée à leur importance, elles tombent dans l'inertie et le discrédit par cette exclusion forcée qui les frappe, et les tient isolées du mouvement général.

« Par un effet tout opposé, le principe de transmission héréditaire pour la propriété, et celui de tradition nationale que ces classes représentent dans le passé, reçoivent une vitalité nouvelle de toute association qui les lie aux hommes que le jeu naturel et le mouvement ascendant des sociétés font parvenir dans les hautes positions. Car il résulte de ce contact un double rayonnement qui rejaillit à la fois sur ces classes et sur les hommes que leurs talents personnels et les services rendus placent également en dehors des conditions ordinaires.

« Or, ces deux éléments particuliers des sociétés modernes, qui reproduisent partout, l'un la tradition historique et la perpétuité nationale, l'autre, l'activité présente et l'esprit d'innovation appliqué au progrès social, atteignent à toute leur signification dès qu'ils sont réunis dans une institution qui les rattache l'un à l'autre pour faire de tous deux un enseignement vivant, d'où ressorte une direction supérieure et intellectuelle pour les peuples.

« Mais cette mission des classes élevées reçoit la confirmation la plus éclatante par une application conforme à la nature des deux intérêts qu'elles reflètent, lorsque, appelées à être les intermédiaires entre les peuples, elles sont chargées spécialement de mettre d'accord les nationalités par les points où elles se concilient et se rapprochent, de maintenir entre elles ces affinités et ces convenances politiques dont ces classes forment par elles-mêmes une interprétation permanente et sont en effet la personnification historique.

« Par tous ces motifs qui, en agrandissant à la fois leur considération particulière et leur mission sociale, concourent à faire des classes élevées un pouvoir de conservation éclairé, elles ont à faire prévaloir un sentiment modérateur et conciliateur inhérent à leur caractère au milieu de la mobilité non moins utile et nécessaire qui emporte les sociétés modernes. Le sénat de France et la chambre des pairs d'Angleterre, dans leur composition actuelle, reproduisent bien aujourd'hui à un certain degré ces deux éléments sociaux, mais sans les investir de cette appropriation particulière qui doit les replacer dans leur ordre naturel. C'est dans ce dernier sens que ces deux corps sont appelés à former un pouvoir de garantie, de qui relèvera exclusivement le droit d'appréciation dans les questions internationales à débattre entre les deux peuples.

« A ce titre, ils formeront, dans la constitution respective des deux États, une représentation internationale intervenant d'une manière fixe et permanente dans l'organisation des pouvoirs actuels, et fonctionnant conjointement avec la représentation nationale ou spéciale, soit le corps législatif en France, et la chambre des communes en Angleterre.

« Pour répondre à cette attribution nouvelle et y approprier simultanément les deux corps respectifs, un nombre égal de membres venus de l'État associé, et pris dans le corps correspondant, devra s'adjoindre de part et d'autre à un nombre égal de membres, formant le contingent du pays dans la représentation internationale.

« A cet effet, et par une disposition transitoire, il sera réservé sur le personnel de ces corps un nombre de cent membres qui pourront être appelés, soit à tour de rôle, soit par désignation spéciale, à former sous le titre de membres nationaux, la partie à demeure de l'assemblée internationale anglaise ou française; en même temps il leur sera adjoint en nombre égal, et sous le titre de membres alliés, une partie mobile choisie à des conditions spéciales dans la nationalité correspondante.

« Ainsi, la catégorie élue ou désignée par l'Angleterre, viendra prendre sa place dans le sénat de France, pendant que la catégorie française correspondante ira siéger pour la France dans la chambre des pairs d'Angleterre. La réunion collective de chaque catégorie formera, dans les deux capitales respectives, et à la tête des pouvoirs constitutionnels des deux pays, une représentation internationale, qui sera le lien effectif des deux peuples et la garantie perpétuelle de leur union[1].

« Restant dans la limite des attributions actuelles que chacun de ces corps exerce entre le gouvernement et la législature nationale de chaque pays, l'introduction de la représentation internationale ne devra rien changer de fondamental dans les deux constitutions existantes ni dans les rapports qu'elles établissent entre les gouvernants et les gouvernés. Son droit d'intervention toute morale, et de raison consistera à reprendre la discussion publique des mêmes questions résolues en lois par la législature nationale, ou en actes de gouvernement par le pouvoir souverain, mais elle le fera avec un intérêt nouveau, sans que cette discussion paraisse comme aujourd'hui une répétition oiseuse ou une formalité inutile. Elle aura au contraire toute l'autorité propre du principe dont émane l'assemblée elle-même, puisque celle-ci devra la traiter au point de vue de la relation des deux pays, à celui surtout de la communauté à maintenir et à observer dans la direction de leurs intérêts.

« Pouvoirs intermédiaires investis du droit d'appliquer une sanction définitive aux actes qu'ils doivent de part et d'autre approuver ou désapprouver, ces assemblées donnent à chaque pays, par la manière dont elles exercent leur suffrage, un droit et une participation dans les mesures qu'ils prennent réciproquement. La résidence dans le pays allié, destinée à y rendre sensible et toujours présente, l'idée de l'association extérieure pour la maintenir et la faire prévaloir contre toutes les divergences de vue ou de sentiment, pré-

---

1. On sent bien que nous n'entrons dans aucun détail d'application et qu'il ne s'agit ici que d'établir le principe et de tracer les lignes principales de l'institution. Le reste vient ensuite de soi et se supplée naturellement, comme par exemple la disposition suivante :

« Cette institution, à laquelle seraient attachés une dotation supérieure et des honneurs exceptionnels, devant ouvrir une carrière nouvelle et légitime aux ambitions par la grandeur du rôle qu'elle assigne aux membres titulaires, il pourra être formée dans chaque pays une liste nationale des candidatures, établissant des règles d'admission, telle que la connaissance des deux langues réciproques, devenu bien entendu l'une des conditions essentielles de l'instruction publique, etc. »

sentera de part et d'autre un point d'appui à l'opinion, de manière à préparer par la discussion et le débat contradictoire, toutes les modifications tendant à resserrer de plus en plus l'intérêt international.

« Ainsi, tout en laissant une libre expansion au caractère distinctif, aux propriétés spéciales, à l'allure et aux facultés natives de chaque peuple, elles tendront à les diriger vers le même but, à mettre successivement en commun leurs colonies et leurs établissements extérieurs, à les appeler à l'exploitation des ressources territoriales, à l'échange de leurs produits, à l'emploi de leurs capitaux, etc. »

III.

Seconde déclaration collective de la France et de l'Angleterre.

« Le sentiment de haute prévoyance politique qui a conduit les deux gouvernements à transformer l'alliance fondée sur une simple convention temporaire en une institution durable, ressort des motifs exposés dans leur première déclaration collective. Ce premier pas vers la rénovation qu'ils se proposent, cette première assise de l'édifice qu'ils veulent élever, en limitant l'expérience aux deux grands peuples qui l'entreprennent, n'ont pu dessiner encore que d'une manière incomplète les effets relatifs qu'elle doit avoir pour les autres nations occidentales.

« L'objet de cette association étant d'assurer la paix du monde, d'arriver au plein développement des sociétés, de créer pour elles une stabilité et une sécurité qui les mettent à l'abri de toutes les commotions, qui fassent servir à l'affermissement de l'ordre social les principes et les causes mêmes qui tendent partout à l'ébranler, cet objet ne sera pleinement atteint que par la formation régulière et complète de l'union occidentale.

« On a vu par le mode d'application que les deux gouvernements conviennent d'adopter provisoirement pour eux-mêmes que la rénovation dont ils prennent l'initiative ne doit rien changer à l'ordre traditionnel de l'Europe; qu'elle l'accepte, au contraire, avec toutes ses démarcations anormales, ses irrégularités et ses déviations séculaires, ses oppositions de systèmes et ses variétés de gouvernements; que dès l'abord elle leur reconnaît à tous le droit de protester historiquement contre les tendances générales qui les annulent, d'exister à juste titre en face d'une civilisation dont elles gênent le mouvement, dont elles contrarient les idées, dont elles compliquent et arrêtent la marche.

« Mais comme les organes supérieurs de cette civilisation, chargés essentiellement d'en faire prévaloir le principe et d'en fixer les conditions, les deux gouvernements s'inspirent d'ailleurs des raisons providentielles qui ont établi ces contradictions apparentes à un ordre général qu'elles confirment indirectement. Après les avoir conciliées en eux-mêmes, après avoir trouvé et mis en pratique la seule règle qui puisse faire concourir à un but commun, ramener à la création d'un état supérieur des intérêts distincts et des facultés divergentes, ils souhaitent naturellement que cette règle s'étende à toute la sphère qu'elle doit embrasser. Mais dans le désir qu'ils éprouvent d'y rattacher les autres peuples, ils ne se laissent pas dominer par leur impatience, et ils n'attendent rien que de l'exemple qu'ils auront donné.

« S'ils ont, en effet, prouvé le mouvement en marchant, substitué à l'impossible de la veille la pratique simple et facile du lendemain, les deux gouvernements n'ont plus qu'à se reposer sur l'immensité du fait acquis désormais. Loin donc d'en presser les conséquences, ils s'arrêtent devant le respect absolu du droit des autres peuples, et c'est de leur accession volontaire qu'ils attendent seulement l'union définitive qu'ils ont en vue. Mais après avoir posé le principe en prouvant la facilité de son application, ils doivent la démontrer également pour tous les points où elle doit se faire, et donner en même temps, par cette démonstration nouvelle, les raisons qui les ont portés à commencer par eux cette expérience.

« Les deux gouvernements considèrent d'abord qu'en dehors de toutes les causes apparentes de division politique qui naissent pour les États de leur organisation actuelle, telles que leur situation relative, les intérêts qui les portent sur certains points, les distinctions religieuses qu'ils présentent, les vues commerciales qu'ils allèguent, il y a, comme principe latent, d'un effet destructeur bien plus étendu, deux courants souterrains, deux forces parallèles d'idées ralliant à elles toutes les autres dissidences et les confondant sous une expression générale pour toute la sphère où elles se développent.

« Ces deux sources d'action révolutionnaire, ces deux principes négateurs de l'ordre constitué par la civilisation que les événements amènent à se produire par une oscillation alternative, c'est pour l'Occident le principe démocratique ou de liberté, et pour la partie orientale de l'Europe le principe de l'unité slave. Tous deux sont incompatibles avec l'institution des gouvernements, car la conséquence absolue de ces principes est d'entraîner logiquement la revendication des nationalités, et par suite la destruction des grandes puissances, à l'existence desquelles les premières se trouvent subordonnées et sacrifiées.

« La marche nécessaire des choses, celle qui vient de l'organisation instinctive et spontanée des peuples ; qui, dans la création des États, dans l'arrangement de leurs relations réciproques, agit d'elle seule et devance de bien loin tous les systèmes, a été dominée toujours par un besoin inhérent à la civilisation. C'est de simplifier les ressorts, de concentrer les moyens, de réduire de plus en plus les diversités d'impulsion qui naissent, pour l'Europe, de l'enchevêtrement et de la complication de ses intérêts. Cette simplification s'est faite tantôt par la force et par la conquête, comme l'a tentée, au commencement de ce siècle, le premier empire français, et comme le tente aujourd'hui même la Russie ; tantôt par un moyen conciliateur plus en rapport avec l'esprit de la civilisation et qui, en réduisant à une condition passive toutes les influences secondaires, a transporté toute l'influence active aux grands États. C'est ainsi qu'elle a réduit à cinq ceux qui sont en possession du droit de régler le mouvement politique, de se réunir en congrès, de stipuler pour tous, de dicter les transactions générales.

« Cette hégémonie des grands États est continuellement troublée d'abord par ses propres rivalités intérieures, puis, comme elle est au fond une usurpation du fort sur le faible, qu'elle ne peut subsister qu'en annulant toutes les influences naturelles, elle se trouve avoir contre elle tout l'ordre correspondant des idées et des intérêts qu'elle sacrifie à sa suprématie. De là une mutuelle impuissance pour l'hégémonie tenue en échec et paralysée par les forces qu'elle comprime et par les principes qui aspirent à la remplacer : impuissance qui n'est pas moins grande pour ces derniers, car par la même cause, une déception inévitable attend chaque fois dans leur triomphe les idées et les doctrines démocratiques.

« Quelque effort qu'elle fasse pour éluder cette responsabilité afin de se proportionner aux faits établis et de s'ériger en gouvernement, la démocratie est tenue, sous peine de rester impraticable, de se soumettre à une obligation qui, lorsqu'elle n'est pas remplie, équivaut de sa part à une abdication de ses principes; et leur impuissance, étant ainsi démontrée, elle ne tarde pas à se voir effacer de tous les points où elle a tenté de se produire révolutionnairement sans pouvoir jamais s'organiser en institutions. C'est de réclamer aussitôt, en vertu du droit primitif qu'elle revendique, en Occident, l'indépendance de l'Italie et de l'Allemagne, plus loin celle de la Pologne, de la Hongrie et des autres États absorbés par des dominations étrangères. La même cause perturbatrice a lieu du côté de la race slave lorsque celle-ci réclame à un point de vue différent; mais avec un effet semblable, la reconstitution des nationalités indigènes, ce qui équivaut toujours sous un autre terme à la destruction de l'ordre actuel.

« Dans l'un et l'autre cas, le résultat est le même : c'est l'affaiblissement ou plutôt la ruine de la barrière élevée instinctivement contre l'unité qui s'est formée à l'est de l'Europe dans une relation si disproportionnée avec le reste du continent; c'est la rupture du faisceau prussien et autrichien, commencée par la dissolution de la Turquie; c'est plus encore, c'est l'unité slave recomposée malgré l'Europe et contre l'Europe et dans l'état de division de celle-ci, c'est, malgré toute sa supériorité physique et intellectuelle, l'affaissement de la civilisation devant la barbarie, en attendant que faisant irruption dans l'ancien système, l'ordre de création nouvelle en amène la chute complète et définitive.

« La complication centrale de l'Europe, produite par le mélange des deux éléments occidentaux et slaves qui entrent par moitiés égales dans la composition de la Prusse et de l'Autriche, est donc le nœud de la situation. C'est elle qui rend ces deux puissances arbitres, en apparence, d'une question qui porte au fond leur anéantissement comme États, et dans laquelle elles prennent forcément parti contre l'Europe, et cela par la fatalité d'une relation qui les domine impérieusement et à laquelle elles ne peuvent se soustraire[1]. Indispensables toutes deux à la conservation de l'ordre européen, elles se retournent pourtant contre lui et sont le plus grand agent de sa dissolution future; et cependant, à aucun point de vue, elles ne peuvent être supprimées ni même affaiblies sans entraîner avec elles la ruine de tout le système.

---

1. Pour les publicistes anglais et français, il y a là un sujet de stupéfaction profonde, dont ils ne peuvent revenir, car il saute aux yeux, pour ainsi dire, que la Russie à Constantinople, c'est pour la Prusse et l'Autriche, et en qualité de voisins immédiats, leur propre arrêt de mort comme États indépendants. Que serait-ce si, outre les raisons qu'on tire de cette disproportion, on entrait dans l'ordre des conditions intérieures spéciales à ces deux États, qui rendent pour eux cette prépondérance extérieure bien autrement dangereuse. Et cependant rien n'y fait, ni l'évidence de l'intérêt politique, ni les démonstrations de la presse, ni les appels les plus éloquents adressés à l'intelligence de leurs hommes d'État, ni les curieuses et récentes révélations qui sont venues confirmer tout ce que j'avais dit des vues que la Russie a sur ses voisins, et qu'elle ne prend même plus la peine de cacher.

Dans l'alternative que la Russie pose à leur égard, ou de participer bon gré mal gré à ses desseins, ou de s'attendre à ce qu'elle leur applique la même propagande qu'elle dirige contre la Turquie, l'abstention est une des formes indirectes de cette participation dont la Russie peut, comme on l'a dit, se contenter pour le moment. Nous ne voyons pas qu'il soit possible de leur en faire un reproche sérieux, tant que les idées resteront elles-mêmes dans leur impuissance actuelle, en éludant le problème que nous leur avions proposé, et qui peut seul parvenir à dégager ces deux États de leur fausse situation.

« Ni la France et l'Angleterre, ni le reste de l'Europe constituée ne peuvent admettre que l'Autriche recule de l'Italie, source et nerf de sa puissance du côté de l'Occident, ni que la Prusse se replie au delà du Rhin, seule compensation qui la maintienne contre l'invasion russe, placée à quelques lieues de Berlin, sans aucun obstacle qui couvre sa frontière. Ce serait les désarmer devant ce coin formidable qui coupe en deux et prend à revers l'Autriche et la Prusse, menacées l'une et l'autre dans leur capitale et dans le centre même de leur puissance.

« Il y a donc un intérêt supérieur pour l'ordre européen qui exige à tout jamais que l'Italie reste divisée et privée de cette puissance d'unité qui la rendrait capable de s'affranchir de l'Autriche; que l'Allemagne véritable se dégage dans la confédération germanique de sa confusion avec la race slave qui l'empêche de se rattacher à l'Occident. Mais, par contre, il en résulte la prépondérance de la Russie, tenant en échec à elle seule, par son unité continentale, tout l'ensemble des autres États divisés, l'oppression systématique des nationalités inférieures, la crise permanente en Orient, la paralysie du présent, l'incertitude de l'avenir, le droit de protestation perpétuelle des États sacrifiés, la pérennité des doctrines perturbatrices et du droit révolutionnaire : en un mot toutes les causes qui ont déterminé les deux grands gouvernements moins engagés dans ces complications à prendre sur eux de s'unir d'abord pour relever ensuite par leur exemple l'ordre occidental, et le rétablir dans son unité de direction, fondée sur sa représentation collective. C'est la garantie générale qu'ils considèrent comme la seule protection efficace qui puisse préserver les sociétés dans l'avenir et, à ce titre, comme devant, dans l'intérêt de tous, sortir de la mise en pratique de l'association du premier degré qu'ils ont contractée dans cette vue.

« Dans cet à peu près des choses humaines qui les porte d'instinct à se constituer d'après leur nature, elles donnent toujours, par l'imperfection même de leur système, l'idée de l'ordre supérieur où elles sont susceptibles d'atteindre. Ainsi, par la réduction à cinq grandes puissances actives se partageant elles-mêmes en deux groupes qui correspondent à la distinction fondamentale de l'Europe, l'effet général est obtenu, et il ne reste plus qu'à trouver le mode conciliateur qui, rattachant à l'hégémonie, née de la force des choses, les existences inférieures qu'elle annulle, arrive à concilier leur indépendance avec leur subordination nécessaire.

« Dans l'ordre actuel, l'alliance anglo-française, quand elle a lieu, se trouve par le fait représenter à elle seule l'unité occidentale : tout ce qui est en dehors d'elle n'existe plus qu'à l'état passif, et une seule politique active, celle de l'alliance, est appelée à prévaloir partout. Hors de là, il n'y a plus que des États secondaires incapables de s'élever à une politique qui leur soit propre : et pour l'Occident, dès que son anarchie constitutive cesse ou est suspendue pour un temps par la reprise de l'alliance anglo-française, il n'y a plus qu'un système, puisqu'il ne saurait y avoir, à aucun degré sensible, une politique qui soit espagnole, italienne, allemande, suisse, hollandaise, etc.

« Donc, entrer dans l'alliance, participer à ses avantages, les généraliser par leur accession, c'est, pour ces États annulés, acquérir une importance et une vitalité qui leur manquent aujourd'hui : c'est les relever d'une déchéance inévitable pour les associer à une existence supérieure qu'ils confirment par leur adhésion et complètent en la généralisant. La seule difficulté apparente, déjà supprimée en partie par le mode d'application adopté par les deux gouvernements, consiste toujours dans la complication centrale de l'Europe, qui exige d'une manière absolue le sacrifice permanent des nationalités qui leur sont inféodées.

« Mais cette difficulté disparaît aussitôt lorsqu'on n'envisage plus que le cercle géographique auquel ces nationalités appartiennent, qu'on les embrasse collectivement dans la démarcation naturelle où elles peuvent apporter, sur quelques points, des distinctions réelles, mais jamais assez fortes pour qu'elles puissent se soustraire à l'ordre supérieur dont elles dérivent. C'est par ce point que les déviations apparentes rentrent d'elles-mêmes dans la règle, et qu'on découvre alors leur utilité relative, qu'on voit apparaître enfin toutes les causes qui, rendant les nationalités inférieures nécessaires, les ont fait prévaloir toujours contre la force supérieure qui tendait à les absorber.

« En conséquence, les deux gouvernements qui ont résolu pour eux ces difficultés trouvent que la même solution s'applique également chez les autres, et ils posent en ces termes les conditions d'après lesquelles l'union occidentale devra se constituer définitivement par l'accession volontaire des autres peuples :

IV.

Association du second degré. — Disposition définitive.

« L'Union occidentale se compose de cinq cercles[1] : Gallique (la France et son annexe la Belgique-Rhénane); Britannique (l'Angleterre et son annexe la Hollande); Germanique (la Confédération germanique et son annexe le Danemark); Italique (la Fédération italienne et son annexe la Fédération helvétique); Hispanique (l'Espagne et son annexe le Portugal).

« Les villes de Paris, Londres, Francfort, Rome et Madrid,

---

1. Dans l'énumération qui va suivre, nous aurions à répondre à plus d'une objection de détail, où nous ne pouvons entrer. De même que nous supposons les deux gouvernements agissant avec la pleine intuition des faits dans le sens où nous avons pu les observer, nous sommes forcés d'admettre que le lecteur supplée aux sous-entendus inévitables dans cette discussion. Disons seulement pour le mettre sur la voie au sujet de ces États, considérés comme des appoints dans les cercles qu'ils complètent et égalisent proportionnellement, qu'il y a identité de rapports historiques, de mœurs, de religion, de disposition territoriale entre la Hollande et l'Angleterre : c'est ce qu'on a vu se réaliser dans le précédent mémorable qui réunit le stathoudérat et la couronne d'Angleterre dans la main d'un prince d'Orange. C'est au fond la même relation que celle qui existe par les mêmes causes, entre la France et la Belgique; et comme dans l'intérêt général il est à désirer que l'Angleterre sorte de sa politique insulaire en tenant en quelque sorte au continent, cette répartition ne fait que consacrer ce qui existe déjà de fait et par la convenance naturelle des choses.

D'ailleurs pour ces Etats, la condition mixte d'*annexe* par association, sont déclarées les capitales politiques de chacun des cinq cercles occidentaux, subdivisés chacun en un État principal appelé *l'État chef* et en un État secondaire appelé *l'État annexe.*

« Cette dénomination des États compris dans le même cercle a pour objet de maintenir les nationalités historiques distinctes en les rattachant respectivement à leurs nationalités similaires d'après leur situation naturelle et corrélative. L'État chef et l'annexe demeurent du reste organisés à l'intérieur, comme ils le sont aujourd'hui avec leur gouvernement et leur législature spéciaux; mais ils se réunissent à l'extérieur pour figurer collectivement et comme groupes appartenant à une même famille, dans la représentation internationale.

« Le principe d'une égalité rigoureuse entre les États devenus membres collectifs de l'Union occidentale devra présider à leur association, quelle que soit du reste la disproportion des forces résultant pour eux de circonstances spéciales, telles que la supériorité des lumières, l'extension du commerce, la facilité de la navigation, le nombre des établissements coloniaux, le chiffre plus élevé de la population, etc. Si ces avantages n'existent pas pour tous au

---

est si loin de l'idée de possession directe, qu'en qualifiant la Belgique comme nous le faisons ici, nous avons en vue le cas où, par une évolution que nous indiquerons plus loin, le vœu de l'Europe appelant la Prusse à recomposer la Pologne, en l'unissant à elle, celle-ci aurait à se retirer des provinces rhénanes. Dans le parfait désintéressement que nous prêtons à la France et par le motif supérieur de l'égalité des proportions à maintenir entre les cercles, nous admettons très-bien en fait comme en droit que la Belgique soit appelée à se continuer jusqu'au Rhin et à prendre par cette dimension, la proportion d'une France mineure, se reliant à la France majeure par son titre d'annexe dans le cercle gallique. La même condition unit de soi-même le Portugal à l'Espagne, comme le Danemark prolongement naturel de l'Allemagne, appelle celle-ci à être en commun riveraine de la même mer. Pour la Suisse avec sa triple analogie élémentaire, à la fois allemande, française et italienne, elle est appelée à renforcer cette dernière expression et à la rattacher intimement aux deux premières. Quant aux autres points laissés en dehors de l'Union, nous dirons plus loin comment ils se trouveront y rentrer indirectement, tout en faisant partie d'une autre association générale.

même degré, ils se compensent d'ailleurs par des avantages d'un autre ordre, surtout lorsque l'on ne considère plus les États faibles isolément, mais qu'on embrasse en effet la personnalité collective de chaque cercle.

« En conséquence, les deux gouvernements, fidèles à la loi qu'ils ont acceptée et pratiquée pour eux-mêmes, écartent d'abord toutes les questions de nature à provoquer les susceptibilités nationales, à réveiller l'esprit de rivalité. Ils rejettent donc comme contraire à l'égalité qu'ils se proposent en principe le choix d'une capitale unique désignée pour être le siège d'une assemblée également unique, soit en fixant cette résidence d'une manière permanente, ce qui aurait constitué un privilége exclusif et une suprématie arbitraire au profit de la puissance qui en serait en possession ; soit en mobilisant l'institution pour la transporter par une installation périodique chez chacune des parties associées.

« Le but de l'association étant de se faire sentir partout à la fois, elle doit manifester sur chaque point sa présence par une institution permanente qui l'enracine dans le sol et la mêle directement au jeu des autres pouvoirs. Aussi la même application déjà faite par les deux gouvernements et consacrée par leur expérience, sera étendue d'après les mêmes règles aux cinq cercles embrassés dans l'Union.

« Chaque cercle se formera successivement en adhérant à la représentation internationale. A mesure qu'elle sera appelée à résider dans chacune des capitales désignées, elle se trouvera y reproduire chacune des parties associées du dehors et représentées à l'intérieur en nombre égal dans chacune des assemblées collectives appartenant à chaque cercle.

« Le nombre des cent membres extérieurs adjoints aux cent membres intérieurs ou nationaux, avait d'abord été admis par les deux gouvernements dans la première application provisoire, celle qui se bornait transitoirement à eux seuls. En formant par leur réunion la représentation internationale, celle-ci devait en effet présenter un corps imposant, en nombre suffisant pour répondre à une application immédiate qui mît en vigueur l'institution. Mais ce nombre deviendrait trop élevé et embarrassant, du moment surtout où il aurait à se reproduire dans chaque cercle sous cinq désignations différentes pour autant de destinations particulières.

« En conséquence, les deux gouvernements jugent que ce nombre devra être réduit proportionnellement et toujours dans le même rapport d'égalité réciproque, à mesure que l'accession d'un nouveau cercle aura lieu. Cette réduction se fera de manière à descendre au chiffre de cinquante membres, chiffre devenu fondamental et uniforme pour chacun d'eux, lorsque l'Union occidentale sera complétée et comprendra les cinq cercles.

« De cette manière, la représentation internationale, constituée définitivement dans chacun des grands cercles occidentaux, présentera un corps permanent de deux cent cinquante membres. Dans chaque assemblée, cinquante membres appartenant à la catégorie nationale ou intérieure, qui seront répartis proportionnellement entre l'État chef et l'annexe de chaque cercle, s'adjoindront à la catégorie extérieure venue de chacun des cercles associés dans un même nombre correspondant de cinquante membres pour chacun d'eux, et d'après un mode uniforme de délégation.

« De cette manière encore, il y aura à Londres comme à Paris, à Francfort comme à Madrid et à Rome, une représentation internationale permanente, composée uniformément de deux cent cinquante membres, et fractionnée en catégories de cinquante membres appartenant respectivement aux cinq cercles. Dans son ensemble, elle reproduira simultanément pour chacun d'eux avec le sentiment harmonique de l'Union occidentale, celui de l'existence relative des spécialités réunies en faisceau : et elle les manifestera sur tous ces points sous une expression collective à la fois gallique, britannique, germanique, hispanique et italique.

« Les deux gouvernements ayant pour but nettement déterminé de faire partager les avantages de leur supériorité relative aux États inférieurs qui en sont privés, de les rendre directement participants à l'action générale que tous deux exercent dans l'association continentale de l'Europe, et indirectement à celle qu'ils exercent dans le reste du monde, ces conditions doivent faire présumer que l'accession sera réclamée immédiatement, surtout par les États qui sont le plus à portée de reconnaître et d'apprécier ces avantages.

« Ainsi dans la constitution de l'État annexe, qui place celui-ci sous la protection de l'État chef et lui donne à la fois l'avantage de l'indépendance et celui de l'association, il va de soi que la Belgique-Rhénane du côté de la France, la Hollande du côté de l'Angleterre demanderont tout d'abord à parfaire, l'une le cercle gallique, l'autre le cercle britannique, pour prendre immédiatement et d'après les conditions ci-dessus indiquées la place qui leur revient dans la représentation internationale de l'Occident.

« La même disposition peut se présumer de la part de l'Espagne et du Portugal accoutumés à suivre l'exemple et l'impulsion des deux grands gouvernements, et pressés de se former en cercle hispanique pour jouir de la même relation et de toutes les convenances sociales qu'elle entraîne avec elle. Cette première application, embrassant les trois cercles les plus occidentaux, laisserait encore en dehors de l'Union le cercle germanique et le cercle italique, tous deux plus engagés dans la constitution centrale de l'Europe, et qui, se trouvant morcelés à l'intérieur, ne peuvent arriver à présenter leur unité géographique qu'après s'être préalablement réunis en fédération.

« La forme fédérative qui n'existe pas aujourd'hui pour l'Italie peut néanmoins s'y créer immédiatement et sans difficultés en réunissant à Rome, sous la médiation politique et religieuse du pape, une assemblée représentative des divers États italiens sans excepter ceux qui sont occupés par l'Autriche, et qui, tout en étant maintenus à cette puissance, auraient le droit et la faculté de reprendre leur rang dans la fédération italienne. Cette assemblée, formée d'après les mêmes règles qui régissent la fédération germanique, aurait ce double résultat de constituer enfin l'unité italienne et de conserver cependant les variétés séculaires qu'elle comprend dans son sein, comme un effet semblable a été produit pour l'Allemagne en vertu des mêmes causes historiques et territoriales. Cette assemblée répondrait aux législatures locales ou représentations nationales, telles qu'elles subsistent dans les autres parties de l'Occident. L'assemblée fédérale italienne siégerait ainsi, comme le font ces législatures, en présence et en communauté avec la représentation internationale du cercle italique, et celle-ci comprendrait l'Italie comme État chef et l'Helvétie comme annexe.

« La même chose aurait lieu pour l'Allemagne où la fédération est la constitution originaire en vigueur. La représentation internationale siégerait à Francfort avec l'assemblée actuelle, devenue la législature locale ou nationale, et réunirait dans le cercle germanique l'Allemagne proprement dite ou Confédération du Rhin, composant l'État chef avec le Danemark pour annexe. La même distinction qui tient aujourd'hui en dehors de la Confédération germanique la Prusse et l'Autriche pour ne les y admettre que dans la proportion des États d'origine allemande, que ces deux puissances réunissent à leurs autres possessions, subsistera à plus forte raison dans la constitution du cercle germanique; le but principal à atteindre par l'Union, étant de dégager l'Allemagne et l'Occident avec elle de la complication qui résulte aujourd'hui de son mélange avec la race slave.

« Par ce motif, pour laisser l'Allemagne au plein jeu de son organisation fédérative qui fait d'elle aussitôt une puissance occidentale, ces deux États renoncent l'un et l'autre à la direction qu'ils prétendaient alternativement sur elle, ce qui ne pouvait avoir lieu que dans l'idée et le système d'un antagonisme normal, soit avec la France, soit avec les autres parties de l'Occident. En échange de cet avantage fictif et sans prétexte réel dans l'état d'association de l'Occident, où ils comptent eux-mêmes pour une part proportionnelle, ils y gagnent un avantage bien supérieur, qu'ils obtiennent, non plus dans leur seul intérêt, mais dans celui de l'Europe tout entière.

« Ainsi garantis l'un et l'autre à la fois du côté de l'Allemagne et de l'Italie pour la part qu'ils ont dans la fédération italienne et germanique sans plus avoir à se préoccuper des périls qu'ils courent aujourd'hui sur ces deux points, ces deux États peuvent, adossés à l'Occident, profiter alors de la double situation qui leur donne un pied dans chacune des deux sphères dont se compose l'unité continentale de l'Europe. Cette position qu'ils possèdent seuls et par exception, qui fait aujourd'hui leur danger et celui de tous, ferait alors leur grandeur et leur force, mais à l'égal avantage de toute l'Europe. Car placés ainsi à la limite de sa division fondamentale et servant néanmoins de lien aux deux mondes reconstitués, il se trouve qu'en participant à leur double démarcation, ils ont part naturellement aux avantages que leur donne cette double association.

« Tout entiers à cette partie de leur mission, devenus les intermédiaires non plus seulement de l'Allemagne, mais de la civilisation occidentale collective dans ses rapports avec la race slave, ils lui communiquent son mouvement et portent celle-ci à s'ériger, selon sa nature, dans un développement parallèle avec l'Occident. Mais l'unité slave qui en résultera, loin de se constituer à l'état agressif contre lui, se trouvera fondée au contraire d'après les mêmes règles de stabilité normale et de conservation pacifique. »

TROISIÈME PARTIE.

LA NOUVELLE QUESTION D'ORIENT.

I.

La Stratégie de la paix sur le théâtre de la guerre.

Ici s'arrête notre fiction, elle nous a conduits jusqu'au seuil du théâtre où se passent les événements, jusqu'à ce confluent tumultueux où les intérêts du monde viennent se rejoindre et se débattre, où les races sont en présence et se révèlent l'une à l'autre dans la rivalité des peuples qui les représentent. Mais si cette fiction a eu pour objet d'expliquer la réalité qu'elle trouve sur ce point, c'est à cette réalité à son tour de lui fournir un autre ordre de justifications, d'apporter à l'intérêt supérieur qu'exprime cette idée dans sa forme fictive, le poids et la confirmation d'une expérience nouvelle.

Dans l'interprétation toute réelle que cette fiction a donnée de l'Occident, et par la forme vivante qu'elle a prise, le problème s'est résolu lui-même en se posant, les causes ont pu rayonner sous les effets, la preuve marcher de front avec l'idée. En personnifiant les deux grandes forces intellectuelles de la civilisation dans l'élite sociale et dans les chefs des pouvoirs qui les dirigent, en les faisant agir et monter sur la scène, l'enseignement, descendu de plus haut, a été plus efficace. D'une part, les gouvernements ont prouvé qu'ils ont de fait toute l'aptitude nécessaire pour entreprendre et régler cette transformation, de l'autre on a pu voir, en l'exposant par leur organe, que si la vraisemblance est complète, si la possibilité éclate aussitôt d'elle-même, c'est qu'elles correspondent l'une et l'autre à une vérité fondamentale qu'il ne tient qu'à ces gouvernements d'apprécier dans leur sagesse et de réaliser immédiatement dans leur intérêt bien entendu.

Mise face à face avec les faits qu'elle va chercher au dehors, si loin de son centre d'opération et d'activité, l'alliance de la France et de l'Angleterre pourra juger d'après eux toute l'imminence des causes qui doivent faire réclamer instantanément cette transformation pour l'Europe. Car ce n'est pas seulement une œuvre de répression qu'elle va faire, c'est une éducation qui, en éclairant les autres, doit l'instruire elle-même, et lui profiter au même titre qu'à ceux à qui elle se propose de l'appliquer.

Or, transportée dans cette arène de compétition ardente et armée, l'alliance des deux puissances occidentales verra qu'en généralisant la question jusqu'à en faire sortir le rétablissement de l'équilibre européen, la guerre, loin de pouvoir la résoudre, la fait apparaître dans toute la profondeur de ses ramifications. Soit qu'elle mette en présence les passions, elle les soulève sans pouvoir les satisfaire, soit qu'elle s'adresse aux intérêts, elle les atteint sans pouvoir les consolider.

Mais si la guerre laisse voir ici toute l'impuissance des palliatifs qu'elle emploie, c'est pour mieux dessiner et rendre flagrante à tous les yeux la nécessité de recourir à un ordre de moyens plus efficaces et plus conformes à la mission supérieure des deux peuples aînés de la civilisation. Sans avoir une prise directe sur le fond des choses, l'alliance, qui touche à peine à leur surface, est tenue encore à distance du véritable foyer d'où elles rayonnent, quand pour parvenir à les modifier sensiblement, il faudrait qu'elle pût atteindre à la fois à tous les points de l'organisation qu'elles présentent, et qu'en agissant sur les faits elle pût correspondre à toutes les données du système qu'ils lui révèlent.

Dans cette situation inégale, la mesure de l'action morale que l'alliance exerce sur ces intérêts, est exactement représentée par celle dans laquelle se trouve renfermée l'action physique qu'elle déploie, s'attaquant à des points extérieurs dont la ruine même opérée par elle avec succès n'entame pas le centre réel des forces qu'elle a à combattre. Aussi, est-elle placée entre l'alternative d'avoir à soutenir une lutte permanente et à demeure, dont le terme ne saurait même être entrevu, ou de se borner dès à présent à recevoir une satisfaction incomplète donnée à ses griefs et à la cause qu'elle défend.

Malgré le formidable appareil sur lequel elle s'appuie, et quelque terribles que soient les coups qu'elle pourra frapper, l'alliance verra toujours reculer devant elle la véritable difficulté, celle d'obtenir et de trouver la garantie efficace qui permette désormais aux nations de retourner au labeur journalier dont on les a distraites, de reprendre l'œuvre pacifique au point où elle a été interrompue par la guerre, de se renfermer dans la condition industrielle d'où elles sont sorties. Quant à nous, c'est avec joie que nous acceptons pour notre pays cette impossibilité glorieuse, et nous n'y voyons aucun motif sérieux d'alarme. Mais nous doutons qu'il soit désormais possible aux deux puissances occidentales d'abandonner les positions stratégiques, ni les postes avancés qu'elles occupent au nom de la civilisation, en un mot d'être libres d'en partir à un jour donné avec la certitude qu'elles ne seront pas forcées d'y revenir presque aussitôt, et cela pour reprendre sur nouveaux frais l'œuvre imparfaite qu'elles auront laissée derrière elles.

Il en serait autrement si l'alliance avait l'Occident pour réserve et au besoin pour auxiliaire actif dans son unité morale recomposée, si la force matérielle qu'elle réunit s'appuyait encore sur la base indestructible de la puissance intellectuelle que lui apporte *la Stratégie de la paix*, faisant appel à l'opinion pour qu'en s'unissant à la parole de l'écrivain, elle convie les deux gouvernements à entrer dans cette voie toute rayonnante pour eux de gloire pacificatrice et de puissance incontestée.

L'évidence le dit trop : ce que l'alliance ne peut faire à elle seule, ni même en se prévalant de l'unité factice que semble lui prêter momentanément la coalition toujours douteuse des États dans leur division actuelle, elle l'obtient dès l'abord, et sans même avoir besoin d'agir, de l'effet seul et instantané que produit la possibilité contingente de reformer l'union occidentale. D'après les termes où elle est apparue ici vivante et reconstituée par l'impulsion et l'exemple des deux gouvernements, qu'ils entrent dans cette phase nouvelle de leur alliance, et ils préparent déjà l'union finale et définitive de tous par le soin qu'ils prennent de se fermer à eux-mêmes tout retour à une hostilité de principes, toute tendance à une séparation postérieure de leurs intérêts, et, entre l'idée et son accomplissement, il n'y a plus qu'une volonté à manifester, que la formalité d'un acte à remplir.

Et quand, pour opérer cette transformation, le but est fixé les moyens sont donnés, toutes les convenances qu'elle révèle et qu'elle satisfait, indiquées de manière à la rendre désirable aux peuples comme aux gouvernements : quand par là seulement l'alliance est mise à portée de répondre à l'immense responsabilité qu'elle a prise à l'égard de la civilisation et de l'humanité tout entière ; quand, placée en face du chaos créé à l'Europe par son passé historique, par le mélange confus de ses principes élémentaires, l'alliance semble avoir hérité de la parole divine et de la toute-puissance qui, au jour de la création, mit l'ordre et la vie harmonique à la place de la confusion et de la mort; quand, pour toute cette œuvre enfin, il dépend d'elle de pouvoir, sans effort et par un seul acte de sa volonté, replacer l'ordre entier des choses sur l'axe dont il a dévié, de fixer à jamais, et cela par un mot, avec la stabilité de l'Europe l'avenir du monde et de l'humanité..., ELLE HÉSITERAIT !

Pour juger de l'impossibilité de cette hésitation, aussi fatale à l'alliance qu'à la grande cause qu'elle a prise en mains, plaçons-nous un moment en idée sur ce confluent tumultueux dont nous parlions tout à l'heure, devant cette double réalité en présence de laquelle notre fiction nous a laissés en nous quittant, et voyons l'alliance agir dans la mesure et la portée des seuls moyens qu'elle se permette aux prises avec les intérêts gigantesques auxquels il faut qu'elle proportionne ses efforts si elle ne veut succomber à la tâche ou rester au-dessous de sa mission et de son entreprise.

II

La vraie question orientale sous ses deux faces.

Ce qui manifeste essentiellement la vitalité d'une nation, c'est l'élan extérieur qui la porte à exercer au loin son influence sur les autres peuples; et la politique orientale a cela d'avantageux pour la France qu'elle la soustrait à toutes ces questions secondaires et irritantes de territoire et de nationalité, qu'elle avait à débattre avec le réseau des rivalités traditionnelles qui l'enlacent et la serrent de près. Trois des grandes puissances ont seules droit à ce nom, sur les cinq à qui l'on donne ce titre, par une répartition aussi inégale qu'inexacte : car il manque aux deux autres la force d'expansion nécessaire pour remplir la mission où sont appelées leurs rivales, et que celles-ci tiennent à la fois de leur supériorité effective comme de la position territoriale qu'elles occupent. Si les deux puissances allemandes ont donné elles-mêmes la mesure de ce qu'elles peuvent réellement, en se condamnant à l'immobilité expectante, à la neutralité systématique que leur impose, en effet, leur situation, elles n'ont pas moins démontré par là l'ensemble des causes complexes qui les travaillent et que nous avions signalées dans leur constitution intérieure.

Ce n'est qu'indirectement, en s'associant aux deux groupes distincts des puissances qui se partagent l'action, que l'Allemagne, et avec elle toute l'Europe centrale, peuvent se rattacher à la grande entreprise dévolue à l'activité du xixe siècle comme l'œuvre suprême et dernière de la civilisation européenne, celle qui l'appelle à transformer les contrées qu'elle n'a pas encore atteintes et pénétrées de sa lumière, en achevant d'épuiser les éléments qu'elles devaient, soit à l'islamisme, soit aux autres principes religieux qui les ont constituées à l'origine. Pendant que l'Angleterre, restée seule maîtresse de l'Inde, en a fait le centre de ce vaste développement colonial qui s'étend de la pointe méridionale de l'Afrique à la Chine et à l'Océanie, la Russie s'est trouvée, au nord, organisée dans un développement parallèle qui n'est plus séparé de la puissance anglaise que par la ligne intermédiaire, et de plus en plus affaiblie des États musulmans, barrière qui tombe d'elle-même par cet abaissement irrémédiable des peuples finis, en qui la sève primitive s'est éteinte.

Il était temps pour la France, absorbée par ses longues révolutions, et que ses crises intérieures avaient jusque-là laissée à l'écart, qu'elle se fît enfin sa part dans cette œuvre d'émancipation qui, pour les peuples qui l'entreprennent, se résume en suprématie extérieure ou en domination directe. La France, sans le savoir, et par cet instinct supérieur qui souvent guide les peuples vers le but lorsqu'ils semblent le plus s'en détourner, est rentrée dans sa véritable voie nationale du jour où, prenant position à Alger, elle s'est faite puissance orientale. Après avoir créé une France africaine, adossée au désert, elle se trouve prête aujourd'hui à intervenir comme médiatrice dans cette lutte inévitable que déguisent, en la commençant, les termes plus circonscrits de la question d'Orient. Par un bonheur qu'elle ignorait elle-même, toutes ces tendances d'aujourd'hui existaient dans son passé et formaient un précédent de trois siècles inscrits dans son histoire, que nous avons pu lui restituer en entier, depuis son rôle historique de protectrice de l'empire ottoman, jusqu'à celui d'institutrice et de guide moral appelé à le transformer par son exemple et ses enseignements.

Dans cette marche en avant des peuples catholiques, que lient plus étroitement à la France la conformité des rapports religieux et leur situation autour de la Méditerranée, la France prend la tête de la colonne pour les porter avec elle vers cette zone intermédiaire qu'occupe, dans sa longueur, la race blanche de l'Asie et de l'Afrique septentrionale. Mais si l'Angleterre appelle volontairement la France à occuper son aile gauche dans cette ligne de bataille qu'elle déploie en Asie en face de la ligne parallèle de la Russie; si, unie avec elle pour une œuvre commune, elle s'accoutume ainsi au partage d'une influence autrefois exclusive et qui, pour subsister elle-même, ne peut plus se passer du concours de son alliée; comment s'est opéré ce changement merveilleux? Il est venu de cette pression extérieure qui est la loi même des choses, puisque à chaque pas que la civilisation fait en avant elle voit se reporter plus loin l'influence qu'elle combat et dont les intérêts se reforment en groupes contraires. Mais, par là se découvrent au progrès des horizons nouveaux à parcourir, une tâche inattendue à embrasser qui vont toujours agrandissant pour lui et pour les peuples qui le représentent, le cercle de l'action et de la responsabilité.

En attendant, cette organisation si nouvelle, qui ouvre une perspective illimitée de grandeur pour l'avenir, devient une cause de stabilité pour le présent. La France n'a donc pas à désirer que les effets de cette situation cessent de se faire sentir ou qu'elle disparaisse avec la puissance qui l'a produite; ce qui serait d'ailleurs aussi puéril qu'inexécutable. Quoi que l'on dise, la Russie n'est pas une puissance factice, née un jour sans précédents et improvisée tout à coup par l'habileté exagérée qu'on prête à ses souverains. Au lieu de cette logique naturelle qui dominant les peuples et ressortant pour eux de leur organisation, forme cette doctrine sociale qui parle même à l'intelligence la plus ordinaire comme au génie le plus éclairé, l'esprit français, toujours entraîné par une disposition bien plus favorable au despotisme qu'à la liberté, ne voit jamais que l'action individuelle et ne connaît que le mobile humain. Aussi, dans l'explication que l'on donne vulgairement des causes qui ont fait arriver cet État à une fortune aussi extraordinaire, on ne manque pas de réunir une foule de hasards et de circonstances de ce genre auxquelles on la rapporte exclusivement. Mais, comme nous l'avons prouvé, on néglige les seules causes qui la rendent explicable, et qui font comprendre en même temps pourquoi elle ne saurait être précaire.

Parmi ces causes, la plus essentielle, celle qui les comprend toutes en une seule prédominante et sans cesse active, c'est toujours l'unité naturelle de la race slave. Dans la disposition où se trouvent les esprits, ce n'est sans doute pas recommander cette idée, que de lui attribuer les progrès antérieurs de la Russie, ou de l'associer moralement à la lutte que cette puissance soutient aujourd'hui contre tous. Mais évidemment, dans cette question, la Russie n'a que ce que l'Europe veut bien lui abandonner [1]. Le jour où celle-ci, donnant à la fois le précepte et l'exemple, réclamera le droit de constituer les peuples slaves d'après la règle qu'elle se sera elle-même appliquée; qu'elle leur rendra la faculté de s'associer, sous la personnification collective de la race, dans une unité semblable à celle de l'Occident, en se ratta-

---

1. L'une des interprétations erronées qui ont le plus contribué à faire prendre le change sur cette donnée, fournie par l'histoire et l'appréciation exacte des choses, c'est la rêverie absurde du poëte illyrien Kolar, qui a fait de l'idée nette et rationnelle du rétablissement des nationalités slaves par leur association, l'idée vague et absolue du panslavisme qui en est la négation et la suppression radicales. Il est tout simple que la Russie se soit emparée de cette idée dans le sens qui allait le mieux à ses vues et à ses intérêts de despotisme niveleur et absorbant. Nous dirons nous-mêmes, et pour l'instruction de l'Europe, toutes les tentatives d'envahissement et de propagande qu'elle a faites dans cette direction et qu'on ignore généralement.

Quant à nous et à l'idée d'organisation générale, que nous avions fait sortir de ces notions toutes nouvelles, notre but était précisément d'empêcher que cette absorption fût opérée au profit exclusif de la Russie. Par

chant à lui par tous les points qui ont servi d'intermédiaires et de voies naturelles à la civilisation pour pénétrer dans ces contrées : dès ce jour, l'Europe aura pour elle cette force occulte qui émane de l'identité primitive de plus de cent millions d'hommes, et passe par-dessus toutes les démarcations et les frontières; qui déjà se retrouve partout au fond des choses, et se manifeste sous les expressions les plus opposées : ici, dans la confiance et l'obstination de l'adversaire; là, dans les hésitations et l'attitude des puissances neutres; ailleurs, et parmi les populations placées sur le théâtre de la lutte, dans la complicité silencieuse et l'attitude passive des unes, comme dans l'activité folle et l'audace étourdie des autres.

Ces dispositions, que l'Europe trouve inévitablement tournées contre elle, dans l'inertie et à l'état de simple aspiration où elles se maintiennent encore chez ces peuples, elle peut d'un mot les rallier à sa cause comme par enchantement, si, dans l'action répressive qu'elle déploie, elle se montre à leurs yeux comme ayant le sentiment de la distinction naturelle à laquelle ils appartiennent, et celui des intérêts spéciaux que cet ordre représente. Car le sentiment en est si vif et si profond chez tous, qu'il l'emporte de beaucoup sur la répulsion que le système de la Russie leur inspire. Nul doute que la civilisation, appropriée également à leurs idées, ne soit préférée par eux, en tant qu'elle ne contrarie pas les instincts de leur nature; mais cette influence du dehors, qui

---

nous, la Prusse et l'Autriche reçoivent les moyens qui leur manquent aujourd'hui de se rattacher plus intimement au monde slave, de dominer le mouvement de renaissance qui l'entraîne, car nous maintenons à ces deux puissances leur rôle d'intermédiaires naturels de la civilisation occidentale avec la race slave. Selon nous, l'alliance occidentale se trouverait en mesure dans la position qu'elle prend à Constantinople, de faire en faveur des deux puissances allemandes, ce qu'elle va faire pour la Turquie : ce serait d'échanger le contrat abusif qui les rend vassales de la Russie, pour une situation où elles retrouvent leur jeu et leur ressort naturel dans la direction où cette influence est le plus utile. Mais quelque combinaison qu'on adopte, si elle ne se rattache pas à la solution générale que nous avons donnée, on ne fera qu'ajourner la dificulté qu'il faudra tôt ou tard reprendre inévitablement.

leur vient du monde occidental, et dont ils saluent avec transport les glorieux représentants dans les deux contractants de l'alliance, cette civilisation, tout en restant l'objet de leur culte et de leurs espérances, les aura pour adversaires, si elle se montre systématiquement inintelligente et intraitable pour ce qui forme en effet les conditions mêmes de leur être physique et moral.

Car ici, moins encore que pour l'Occident, on ne peut se soustraire à l'évidence de tout ce que la nature a conçu et préparé dans la vue d'un ordre supérieur à établir, et pour la conciliation même des difficultés sociales qui mettent aujourd'hui les nations aux prises. Nous avons montré ailleurs, et par des preuves surabondantes, comment l'unité naturelle de la race éclatait sur toute cette face de l'Europe, par tous les traits qui peuvent servir à caractériser son influence, et comment elle formait chez tous ces peuples, à travers toutes les oppositions partielles qu'on peut objecter, un esprit public semblable, une direction d'idées égale, une manière d'être et de sentir identique, enfin un fond de mœurs dont la similitude se reflète dans les usages habituels comme dans les institutions sociales. Mais comme la disposition que nous trouvons dans les hommes a toujours pour nous sa raison d'être supérieure exprimée dans les choses et dans l'arrangement providentiel qu'elles manifestent, nous voyons tout aussi bien cette unité se traduire par l'appropriation des territoires, par la contiguïté et la convenance des rapports qu'ils révèlent, par toutes ces conditions physiques qu'on peut bien altérer pour un temps en les soumettant à des systèmes de circonstance. Mais comme ces conditions reparaissent toujours sous l'empire de certaines situations qui les ramènent, elles reprennent aussitôt toute leur intensité, et elles finissent par avoir raison de toutes les causes factices qui les ont fait dévier de leur nature.

Or, dans cette distribution normale et cette propriété des territoires dont nous parlons, nous voyons apparaître avec le même effet d'impulsion générale que nous avons vu se produire pour l'Occident, cette même cause, qui forme ici à proprement parler la seconde face de la question d'Orient, telle que nous l'avons définie dans son but, c'est-à-dire la transformation du monde asiatique par le christianisme et la civilisation européenne. Si la question d'Orient tient suspendu à elle tout l'avenir de l'Europe, c'est qu'à proprement parler elle est pour la civilisation européenne la prise de possession de l'Asie et des chemins qui mènent à cette éternelle terre de promission des peuples. Or cette prise de possession ne peut se faire pour l'Occident, qu'en maintenant libre et ouverte la grande voie maritime et terrestre du Midi, que nous avons mise sous la domination directe de l'alliance, dans la bande méditerranéenne de l'Afrique, qui se prolonge par l'Égypte, l'Asie Mineure et la Perse, jusqu'à l'Indus et à l'Himalaya. Mais par là toute une face de l'Europe reste sans contact immédiat avec cette partie ; elle se trouverait ainsi déshéritée du grand avenir commercial, et des biens qui doivent en sortir pour le perfectionnement et la richesse des sociétés, comme pour l'instruction des masses, si la Providence dans son plan n'y avait pourvu, en disposant sur ce point les territoires dans une convenance de rapports analogues, quoique sous une direction différente.

L'hostilité systématique la plus prononcée contre la Russie, ne trouve rien à redire au développement qu'elle a pris sur toute la face septentrionale de l'Asie; et cependant il y aurait tout aussi bien à lui contester le droit exclusif qu'elle s'arroge par là de posséder la grande route centrale du commerce, établie de temps immémorial dans le Nord, et dont on retrouve les vestiges jusque dans les époques fabuleuses de sa mythologie. Alors les caravanes et les convois du commerce partis de l'Asie centrale, des frontières de la Perse, du Thibet et de la Chine, remontaient par les rivages de l'Aral et de la Caspienne le long des grands fleuves de la Russie, et mettaient en communication avec le centre de l'Asie les contrées les plus enfoncées vers le pôle, les points les plus extrêmes de la Scandinavie, les États de la Baltique, la Pologne, l'Autriche slave et la péninsule hellénique. La même raison qui, indépendamment des analogies de race et de coexistence historique, nous a fait rattacher à l'unité occidentale l'Allemagne du Rhin et l'Italie pour ne pas rester des impasses sans valeur, pour tenir d'une part à l'Océan, et de l'autre à la grande route méridionale de l'Asie, doit donc faire réclamer au même titre une association semblable pour toute cette partie de l'Europe, privée sans cela de sa part au soleil, de sa place à ce banquet où l'Asie semble convier tous les peuples.

Ici, et par ce qui vient d'être exposé, on pourra maintenant comprendre pourquoi, dans la transformation que nous avions en vue, nous circonscrivions à l'Occident la forme politique essentiellement propre au système de la civilisation. Tant que l'Europe restera confondue dans son amalgame actuel, on aura le spectacle de la même confusion, qui se reproduit jusque dans les données, basées sur son unité absolue, par lesquelles on propose quelquefois d'assurer sa stabilité. Mais l'idée d'une amphictyonie, ou une fédération imitée des États-Unis d'Amérique, manquerait le but en le dépassant, et aurait contre soi la nature fondamentale des choses. La division actuelle, avec tous ses inconvénients, l'emportera toujours par le semblant d'indépendance que ce système laisse aux nationalités, quoiqu'au fond il la leur enlève effectivement. Cette organisation satisfait du moins deux passions invétérées du cœur humain qui se retrouvent avec la même intensité dans les masses, l'égoïsme et la vanité : elle prévaudra toujours contre une généralité vague, qui, lors même qu'elle serait réalisée dans une institution, n'aurait pas prise sur les choses et resterait en face d'elles dépourvue de toute autorité. Car cette unité couvrirait bien en apparence, mais laisserait subsister également la disproportion des deux parties continentales, et dans la prétention d'unir de force ou de concilier dans le même cadre deux intérêts qui se repoussent par la pente qui les attire en sens opposé, on ferait éclater plus violemment leur divorce.

Au contraire, que l'alliance fixe et rétablisse dans sa personnalité l'unité fondamentale de l'Occident, et aussitôt toutes les nations retrouvent simultanément leur place dans le cadre naturel. Loin que l'unité que nous leur avons tracée délaisse ceux d'entre les peuples qu'elle semble rejeter en dehors d'elle, c'est à ce prix seulement que ceux-ci peuvent se relever de leur déchéance et de la position qui les annule: qu'étendue et cependant limitée à une forme précise, la transformation ne va pas s'abîmer dans une généralité trop vaste, comme le serait une association universelle de toute l'Europe. Que si elle laisse en dehors d'elle des intérêts également chers, également analogues à la civilisation, c'est pour leur communiquer du même coup la force de son initiative, et cela par l'avantage, qui leur a manqué jusqu'à présent, d'être en contact direct avec le foyer d'où elle émane. En effet, si cette organisation entraîne comme conséquence la restauration de l'unité orientale slave, c'est que celle-ci se trouve devenue désormais limitrophe de la France et de l'Angleterre, et cette proximité seule la porte à se reformer d'après l'unité de l'Occident, en groupe de nationalités indépendantes associées dans un intérêt commun. D'ailleurs, et c'est surtout là la condition qu'il faut sans cesse rappeler, les peuples rattachés à l'unité slave ne sont pas pour cela détachés de l'Occident, puisqu'ils conservent tous leurs rapports avec lui et qu'ils en restent, comme aujourd'hui, les intermédiaires; car cette combinaison ne fait que reproduire ce qui existe en le rectifiant, et en donnant aux démarcations actuelles la double garantie de liberté et de stabilité qui leur manque.

Dans l'état présent, la Russie occupe seule, comme puissance slave organisée, la sphère assignée à cette race sur le continent. Aussi, par les ramifications souterraines qu'elle lui doit, la Russie tient en laisse la Prusse et l'Autriche, campe sur la Vistule, à deux pas de l'Oder, à quelques journées du Rhin; elle déborde sur la Suède au nord, sur la Turquie au midi, et tend à se faire par elles riveraine des deux détroits, qui sont les clefs de l'Europe. Elle prend ainsi la position dont la pensée seule jetait dans le découragement et le désespoir l'homme d'État qui fut longtemps chef de notre gouvernement, et qui, par la double insuffisance de ses notions comme historien et comme politique, faisait apparaître en lui toute l'impuissance radicale du système de la civilisation dont il est d'ailleurs l'un des plus brillants et des plus sagaces représentants[1].

Par l'unité slave reconstituée, c'est l'Occident qui retourne la position contre la Russie, qui l'envahit et pénètre dans sa masse, comme l'Europe est aujourd'hui envahie par la Russie ; qui, rétablissant en cercles slaves les peuples rendus à leur existence indigène, entre avec la Suède, avec la Pologne unie à la Prusse, avec l'Autriche et ses annexes slaves, avec la Turquie slave, dans ce continent auquel l'Occident ne les rattache que pour y mieux adhérer lui-même par leur intermédiaire. En échange de cette communication bienfaisante des peuples qui la tirent de son isolement, la Russie leur apporte en partage tout ce que dans le vieux système de l'usurpation violente elle devait se réserver exclusivement : car elle les place en contact direct avec la Chine, déjà même avec le Japon, avec la Perse et les routes centrales de l'Inde. L'unité occidentale qui lui fait face en Europe, vient également la rejoindre en Asie pour s'y constituer parallèlement, et là toutes deux se rencontrent dans la même œuvre pacificatrice du maintien des choses et de leur transformation, sans être obligées, pas plus sur un point que sur l'autre, de recommencer entre elles la politique déchue de l'antagonisme.

III.

La Russie devant la civilisation.

Ce que l'Europe attaque aujourd'hui dans la Russie, qu'elle ne s'y trompe pas, c'est évidemment son propre système : c'est la nationalité avec son principe exclusif, tel que la civilisation l'a institué partout, avec l'obligation absolue qu'elle impose aux gouvernements de maintenir *per fas et ne-*

---

1. « Quand la Russie se sera établie sur le Sund et sur le Bosphore, il ne restera plus à la liberté qu'à se réfugier en Amérique, etc. » THIERS, *Histoire de l'Empire.*

fas toute suprématie acquise; de poursuivre inflexiblement, aux dépens des autres, le développement de cet intérêt, en associant à sa prépondérance toutes les forces et les passions nationales. Dans tout ce que la polémique incrimine chaque jour au hasard, il nous serait facile de montrer que la Russie ne fait que pratiquer les règles qu'elle trouve partout mises en vigueur; que rien ne l'étonne plus que ces critiques, qui s'en prennent à l'instruction qu'elle a reçue de l'Europe, et qui lui reprochent d'être une écolière trop bien apprise. Pour nous, qui ne saurions partager ni la réprobation des uns ni l'engouement des autres, nous trouvons exactement chez elle la marche qui a été suivie partout ailleurs, et les mêmes phases d'organisation par lesquelles ont passé tous les peuples. Où elle diffère sans doute, c'est par l'avantage qu'elle a eu de conserver sous la forme d'emprunt qu'elle doit à la civilisation, les lignes de son organisation primitive, d'une manière assez marquée pour en retrouver toutes les analogies avec les peuples qui l'entourent. C'est par là qu'il lui est donné de produire, et par sa propre extension et par celle qu'elle reçoit indirectement de la race slave, cette pression générale qu'elle exerce sur l'Europe. En provoquant le mouvement auquel nous assistons, et dont les conséquences peuvent être si fécondes pour l'humanité, nous avons peine à ne pas lui savoir gré de la nécessité où elle place l'Europe de se replier sur elle-même, de retrouver sa propre personnalité dans une vie organique toute nouvelle, et dans l'existence supérieure que lui trace l'unité occidentale.

La Russie a donc, à nos yeux, le mérite inappréciable d'avoir créé cette situation si avantageuse à notre pays, et formé entre les deux grandes puissances de l'Occident l'association qu'elle est appelée à resserrer de plus en plus en préparant, par sa persistance même, des résultats bien plus étendus, tels que les comporte le principe nouveau de cette union. Que ramenée de force à la frontière qu'elle a franchie, la Russie essuie ces désastres partiels qui instruisent les peuples et les font entrer involontairement dans une voie nouvelle, nous le souhaitons pour elle comme pour nous. Le système de l'autocratie peut y périr, et pour notre part nous n'y aurions aucun regret. S'il a eu son utilité, si même nous doutons que la Russie eût pu atteindre avec une autre ressort à la grandeur politique où elle est arrivée si rapidement, elle aura tout à gagner à ce qu'il se transforme ; à ce qu'elle échange la fausse grandeur que ce système lui procure, les avantages exclusifs mais onéreux et payés trop cher qu'elle lui doit, pour ces garanties de durée et de stabilité qui lui manque comme aux autres États, et qu'elle ne peut obtenir que par l'association.

En cessant d'avoir une foi exclusive dans la force oppressive et brutale qui lui aliène ceux qu'elle aurait intérêt à gagner, elle en viendra peut-être à réclamer d'elle-même ce qui peut seul lui garantir les avantages qu'elle cherche sans avoir tout à conquérir et en mettant tout le monde contre soi. Mais avant comme après sa défaite, elle restera ce qu'elle est, et probablement ce que la Providence veut qu'elle soit, puisque cette disposition n'est nullement du fait des hommes ni de leur volonté. La relation qui a fait d'elle un continent égal, à lui seul, au reste de l'Europe, subsistera toujours avec son unité massive de 60 millions d'hommes, au milieu d'une série d'États divisés et inconsistants. Elle présentera toujours toutes les analogies de races qui travaillent à dissoudre les seules forces qui la touchent immédiatement, et qu'elle sera toujours libre, dans l'état actuel, d'inquiéter ou de tourner contre l'Europe, qui, de son côté, se trouvera toujours en face du même problème.

Mais si la guerre est évidemment impuissante à elle seule pour atteindre à la condition d'équilibre que l'on cherche, la présence de la France et de l'Angleterre, transportées sur le théâtre des faits qu'elles pourront aborder directement, est déjà un pas immense accompli dans le sens de la véritable solution. Cette position leur permettra de juger ce qu'elles ne pouvaient apercevoir à la distance où elles se tenaient des lieux ; et il leur deviendra évident qu'on ne peut rien créer de stable sans y faire participer la Russie, sans la rattacher à l'ordre définitif qu'il ne tient qu'à la volonté de ces puissances d'établir.

Relever par la force, comme on l'entend dire et proposer

trop souvent, afin d'en faire une barrière contre la Russie, des États inférieurs qui, dans toute l'énergie de leur indépendance et de leur nationalité, n'ont pu préserver l'une et l'autre contre l'ascendant extérieur qui a fini par les absorber, c'est aller contre le cours des choses, contre la loi même de la civilisation qui tend à tout simplifier et à tout concentrer. Autant le moyen nous paraît facile quand il se lie à l'ordre général dont nous avons exposé les relations, à une loi de liberté commune qui affranchit tout le monde et ne dépouille personne, autant il nous paraît dangereux quand il faut ranimer des rivalités éteintes, constituer des hostilités nouvelles, rompre les liens formés par une possession de longue date. C'est mal entendre, selon nous, les intérêts de notre pays et la mission de l'alliance, que de pousser l'opinion à les forcer l'une et l'autre à rendre la vie à des existences débiles qui ne peuvent se maintenir par elles-mêmes, à prendre à leur charge les soins d'un entretien dont elles ne recueilleront pas même les fruits : car les conditions locales qui avaient amené la chute de ces États reparaîtraient bientôt pour reprendre toute leur influence contre eux, dès qu'on ne serait plus là pour les soutenir.

Et d'ailleurs, par la lutte immense qui s'ensuivrait et qu'on aurait provoquée, on risquerait d'attirer sur soi le danger qui nous a surtout frappé et que nous avons voulu prévenir par ces observations. Ce serait évidemment réduire l'ennemi à chercher sa défense précisément dans le système qui doit le désarmer, système à deux faces sans doute et qu'on aura contre soi si l'on en refuse les avantages. Mais alors on verrait la Russie renoncer, sous l'étreinte de cette nécessité suprême, à l'absolutisme moderne, dont à l'exemple des États européens elle a voulu se prévaloir jusqu'ici pour elle seule. Qu'en invoquant leurs rapports originaires, elle appelle au partage d'une domination devenue commune, tous ceux qu'elle en excluait ou qui n'y participent pas encore; qu'elle fasse reparaître entre des peuples d'un même sang les traits de l'association naturelle et de la constitution primitive, et du même coup elle va y retrouver toute la vigueur que dans la fable antique ressentait ce géant fils de la terre, chaque fois qu'en combattant il se relevait après l'avoir touchée dans sa chute.

D'ailleurs, si après cette épreuve les choses devaient se retrouver dans la même disposition inconséquente que par le passé, la France aurait tout à gagner à maintenir avec sa signification actuelle ce terme opposé dont la pression mystérieuse rejette les peuples vers elle et les soumet malgré eux à son ascendant, car cette distinction fait sa force, et seule elle n'a pas à en souffrir. Que les événements, au contraire, amènent l'Europe à accepter dans son intérêt le droit de direction supérieure qui peut conférer à l'alliance occidentale l'exercice d'une autorité et d'une protection permanente, et du coup elle adhère aux principes d'une relation fondamentale entre les États, qui, sans altérer en rien leur indépendance, les replace dans une condition d'équilibre qu'ils ne retrouveront pas par tous les autres moyens. Forcée de la subir, la Russie elle-même trouvera son avantage à une organisation qui lui trace des limites désormais et réellement infranchissables. C'est alors que pour cimenter cet ordre de stabilité effective et véritable, et non plus factice et illusoire, la France verra qu'elle possède surtout pour cette œuvre un autre avantage avec la Russie, celui d'agir sur elle par une force intellectuelle, la plus grande de toutes, et qui donnera lieu de notre part à une observation spéciale par laquelle nous voulons finir ces considérations.

S'il a suffi de la position relative que la Russie occupe entre les États pour les amener à changer à notre égard leurs inimitiés traditionnelles en affinités naissantes, cet effet, qui a transformé à notre avantage tout l'ancien esprit de l'Europe, s'est produit bien plus irrésistiblement par une influence intellectuelle, dont on ne se rend pas compte : mais quoique son action incessante reste occulte, elle n'en est pas moins incalculable. Je veux parler de ce fait énorme dont on ne trouverait pas ailleurs l'équivalent sur toute la surface du globe ; celui d'un empire qui est à lui seul un continent, habité par un peuple où toute intelligence élevée a forcément, pour s'exprimer, deux langues et deux ordres particuliers d'idées appartenant à deux civilisations différentes, dont les notions viennent se concilier dans le même esprit. Et ce fait, témoignage d'un ascendant qui n'existe nulle part au même degré, agit avec toutes les conséquences sociales qu'il entraîne, sans qu'aucune rivalité nationale, aucun système politique porté à contrarier cette disposition, ait jamais réussi à exclure ou à changer une combinaison si intéressante pour nous[1].

En effet, de ces deux langues l'une est naturellement celle du sol, présentant les faibles éléments d'idées spéciales, exclusivement propres au pays où elle est parlée, mais n'ayant pas en elle-même ces conditions d'origine, de rapports séculaires, de transmission historique des anciennes civilisations, qui se résument dans une langue, et faisant revivre en elle l'antiquité, le moyen âge et les temps modernes, la rendent propre à reproduire la pensée universelle. Aussi est-ce à la nôtre, dont l'usage apporte à cette société ce qui ne peut être sorti de ses entrailles, qu'elle demande de préférence le moyen le plus direct pour la faire communiquer avec l'ordre entier des idées de la civilisation. De là, deux esprits divers qui se combinent chez le Russe, et par lui nous entendons collectivement toute la race slave, car elle offre partout, dans ses variétés, la même facilité à parler notre langue comme à revêtir et à s'approprier, pour ainsi dire, notre individualité. Si le Slave peut sentir à part, sur quelques points où il échappe à l'imitation, pour imprimer à ses idées le coloris d'une inspiration locale trop peu forte et distincte pour être bien expressive, il ne peut généraliser sa pensée sans être aussitôt Français dans

---

[1]. Il y a eu en Russie, comme chez nous, de ces accès d'intolérance nationale qui tendaient à exclure systématiquement toute influence étrangère et en particulier celle de la France. Comme la foule des auteurs secondaires vit de la contrefaçon et du pillage en grand de la littérature française, elle ne manque pas de la dénigrer, afin de cacher au public la source où elle puise journellement ses inventions. Si l'on s'en rapportait au langage acrimonieux des journaux, on serait tenté de croire à une répulsion qui n'existe pas réellement. On sait combien la presse a peu d'influence dans les pays à organisation aristocratique, et toutes ces ligues des vanités locales, ces animosités intéressées n'ont jamais réussi à dégoûter le public russe de ses préférences à notre égard.

la plus complète et la meilleure acception du mot. Aussi, il ne faut que se trouver en présence d'un Allemand ou d'un Anglais, pour sentir d'abord quelle masse énorme de préjugés, quelles aspérités morales, quelles difficultés de communications intellectuelles, et surtout de langue, existent encore dans ceux que l'éducation a le plus rapprochés de nous, quand rien, au contraire, ne nous sépare du Slave et du Russe[1]; et, ce qui constitue même leur originalité à part, ces inspirations si chères à l'amour-propre national, n'offre chez eux aucune tendance qui prédispose leur esprit à un antagonisme d'idées avec les nôtres.

Or, si l'on rattache à cette cause les influences qui en dérivent, c'est là ce qui a le plus favorisé la domination de notre langue, au point de la rendre européenne. Elle a fait tomber toute cette opposition agressive et violente que les littératures de l'Allemagne et de l'Angleterre avaient dirigée contre nos idées pendant la lutte que leurs gouvernements soutenaient contre notre Révolution. Mais cette opposition n'a pu tenir contre cette expansion de l'esprit français, d'autant mieux goûté et compris dans toute cette partie de l'Europe qu'il tend de plus en plus à se généraliser, à sortir du cadre étroit de la nationalité pour devenir l'expression du cosmopolitisme des intelligences. Par là, en effet, cet esprit, comme on peut déjà le voir en Afrique, se trouve plus en rapport que tout autre avec la simplicité des peuples primitifs,

---

1. Nous insistons d'autant plus sur cette observation que nous espérons que l'intimité de l'alliance politique développera de plus en plus une communication internationale si désirable, mais que les manifestations isolées, les visites individuelles et les députations de corps, ont jusqu'ici bien peu avancée sur ces deux points si résistants. Comme pour rendre cette différence sensible matériellement, c'est lorsque l'union politique se formait avec l'Angleterre qu'on a vu le théâtre français, cet enseignement vivant d'une langue et de l'esprit d'un peuple, se fermer à Londres faute de spectateurs et d'encouragement. Et cela au moment où la capitale de la Russie, qui accueille si magnifiquement nos artistes, recherchait cet enseignement, qu'on trouve à demeure et en permanence chez elle, avec un enthousiasme qui en faisait un événement public, car elle le demandait alors par exception à l'artiste célèbre qui est l'expression la plus élevée de l'art français dans notre époque.

avec celle surtout des grandes races occupant de vastes territoires où ne se sont pas produites toutes les complications par lesquelles ont passé les sociétés européennes et dont celles-ci portent dans leurs idées la trace confuse et les mille influences contradictoires. Aussi, est-ce à l'insu de la vieille Europe et par un travail lent et insensible dont elle ne s'est aperçue qu'après coup, que sans presque le chercher ni le vouloir lui-même, l'esprit français a fait du monde slave le plus vaste foyer d'éléments assimilables avec les éléments intellectuels de notre pays.

L'esprit slave, formé ainsi sur le nôtre, a refoulé dans les limites où elles se circonscrivent, ces langues avec les littératures qui les mettent en œuvre. Réduites dans ce qui les caractérise, à n'être plus qu'une expression d'idées locales, elles nous laissent prendre, sur le continent de l'Europe, la même universalité que l'une d'elles du moins semble prédestinée à développer, pour l'avenir, sur des continents lointains. Mais cette application de la langue anglaise devenue l'organe d'une transformation européenne qui s'opère au loin dans un ordre nouveau de faits dont quelques-uns sont déjà hostiles à l'Angleterre elle-même, reviendra tôt ou tard avec les intérêts politiques qu'elle représente, réagir contre l'ensemble des intérêts européens. Dès à présent, on peut prévoir qu'elle devra accélérer pour l'Europe et lui rendre plus désirable et plus urgente cette unité continentale, qui se forme peu à peu sous la double impulsion de notre langue et de nos idées, et qui s'est déjà en partie accomplie par la vaste propagation qu'elle a trouvée dans la préférence d'instinct et dans la facilité d'adoption de la race slave.

IV.

Le cercle vicieux. — L'autorité, la liberté.

Arrêtons ici une tâche que nous sommes forcé d'abréger, pour laquelle nous voudrions pouvoir dire, comme l'athlète de Virgile sortant de la lutte, et après la victoire : *artem cæstusque depono*. Dans la crise décisive où elle est entrée, nous ne pouvions mieux servir la civilisation occidentale que de lui apporter la notion qui lui manque; car du moment où elle l'aura reconnue, elle en recevra aussitôt la sanction de son propre système, et c'est à cette notion qu'elle devra de pouvoir se dégager d'une situation autrement inextricable. Nous avons pu varier sur la forme à donner à cette idée, dans les applications différentes que nous lui avons cherchées, pendant que l'idée elle-même restait pour nous invariable, et devait l'être en présence de toutes les expériences qui s'accomplissaient. Mais tous nos efforts devaient tendre à nous rapprocher davantage de la forme existante et de la mesure admise dans les choses, pour arriver à ce que nous croyons avoir atteint avec succès; c'est-à-dire à faire qu'il n'y eût entre elles et leur transformation qu'une nuance presque insensible, qu'un simple ressort ajouté à l'organisation actuelle, mais la fixant désormais dans la seule stabilité qui n'ait rien de factice.

Maintenant le monde n'en ira-t-il pas moins, d'après les données précédentes, réduit par sa division à vivre au jour le jour, à passer de l'appréhension de la veille à celle du lendemain, et battu par les mille vagues des idées inconciliables qu'il tient en arrêt dans la société? Ceci ne nous regarde plus et n'est plus notre œuvre. Mais si nous avons rencontré ce terrain solide où l'ordre nouveau doit se fonder, cette vérité souveraine à laquelle les choses humaines tendent logiquement; alors tout ce qu'on va faire, qu'on le veuille ou non, y mènera par une pente irrésistible. Si, au contraire, le temps et les esprits n'y sont pas encore disposés, nous prendrons notre parti d'attendre que les faits mûrissent et que le jour se fasse dans les intelligences.

Mais alors nous contesterons à cette société le droit de se plaindre du mal qu'elle porte dans son sein, et qu'il ne tient plus qu'à elle de guérir. Si cette civilisation, dont elle est si enivrée, lui paraît le dernier mot de la raison des choses, pourquoi cette instabilité qui la force à se défier d'elle-même? Pourquoi ces révolutions qui la contestent et la mettent en cause? Dans le dédain, souvent trop peu justifié, qui lui fait traiter de barbarie tout ce qu'elle ne comprend pas, tout ce qui ne procède pas d'elle directement, il y a une réflexion qu'on ne fait pas et qui, cependant, est ici toute naturelle. Par quel renversement singulier des lois de la dynamique est-il donné à la puissance la moins civilisée de tenir en échec toute l'Europe, de faire tête à elle seule aux deux puissances supérieures que l'humanité reconnaît pour ses guides intellectuels, à celle qui, comme la France, imprime son cachet au monde de la forme et des idées, unie à celle qui, comme l'Angleterre, semble avoir pris corps à corps le monde de la matière pour la dompter et la soumettre. Plus vous montrez habilement, chez l'une, la faiblesse réelle déguisée sous la force brutale, plus vous peignez un État arriéré, sans finances, sans esprit public, en exaltant à bon droit, chez les autres, les magnificences sociales dont elles donnent aujourd'hui le spectacle incomparable; et moins vous rendez explicable cet écart qui viole la règle ordinaire, moins vous faites comprendre comment le nombre, la richesse, la puissance effective viennent pourtant faiblir et s'annuler devant le néant.

Après avoir réuni le plus merveilleux assemblage de forces concentrées sous la même impulsion, quand l'alliance occidentale aura tenu dans sa main un levier capable de soulever un monde, si la société devait retomber dans l'ornière des inconséquences du passé, la faute en serait à vous, brillante pléiade des esprits éclairés de notre époque, qui continuez pour elle la division primitive des opinions avec une sincérité d'autant plus héroïque qu'elle résiste chez vous aux déceptions que l'expérience de chaque jour lui apporte. A vous aussi il serait facile de comprendre, d'après notre exposition, ce qui a fait avorter, dans le passé, toutes vos conceptions, malgré leur justesse apparente; quelle limite trace à vos idées le *cercle vicieux* où elles s'enferment, et les condamne à vouloir toujours, sans succès, ce qu'elles sont impuissantes à réaliser. Vous êtes la science, la philosophie, la raison universelle, et cependant cette pensée nationale dont la domination devrait être incontestée, se brise toujours contre l'obstacle invisible qui l'arrête dans son élan, et retombe frappée de la même paralysie que celle qui à son tour immobilise l'activité des forces matérielles dans leur toute-puissante concentration.

Comment, après toutes les expériences qui se sont faites, ces opinions si habiles et si intelligentes n'ont-elles pas compris que, procédant de la nationalité exclusive, elles portent en elles-mêmes la cause de toutes leurs défaites, le secret de toutes leurs déceptions. Par toutes les tendances spirituelles qu'elle doit à la civilisation, et cependant par la place qu'elle occupe, et qu'elle ne peut changer, dans l'ordre extérieur où elle se trouve circonscrite, la France se voit condamnée fatalement à un paralogisme éternel. Car ayant ses idées toujours opposées à ses intérêts, elle est en lutte perpétuelle avec elle-même, et ce combat de deux natures l'oblige à vouloir et à demander, dans un sens, le contraire de ce qu'elle réclame dans un autre. Ainsi, d'après tous ses précédents historiques et par les actes qui, à toutes les époques, manifestent sa personnalité comme nation, elle est entre toutes *nationalité* au premier chef et par excellence, c'est-à-dire organisation centralisée et absolue sous tous les rapports, soit matériels, soit intellectuels; unité administrative à tous les degrés, sans qu'il soit possible d'admettre en pratique la contradiction individuelle, ni moins encore de la constituer en théorie sous la forme d'un pouvoir agissant et permanent. En effet, celle-ci ne peut se produire avec succès sans troubler aussitôt toute la hiérarchie, sans que l'entraînement de l'opinion, le triomphe d'un parti, même par les voies légales, à plus forte raison quand le but est atteint à la suite d'une sédition isolée ou d'une révolte générale, n'entraîne une perturbation incalculable. Alors de deux choses l'une, ou le pouvoir survit à son échec, et dès ce moment il reste déconsidéré aux yeux de tous, et en attendant sa chute qu'il ne fait qu'ajourner, on voit s'affaiblir en lui le principe national qu'il représente; ou bien il succombe immédiatement, et comme rien dans cette organisation ne saurait le suppléer, la liberté ne tarde pas à le rétablir contre elle-même pour le remettre dans les conditions qu'elle a violées inutilement.

C'est là le *cercle vicieux* dans lequel gravite et se meut notre pays, et qui a fait chez nous, de tous les régimes de liberté, des crises plus ou moins prolongées quand ils n'allaient pas jusqu'à être une véritable guerre civile en permanence. Mais en exposant les causes qui produisent pour lui cet état, on a vu comment elles offrent aussi la facilité d'en sortir sans effort et avec la complète satisfaction de toutes ses aspirations morales. Puissance illimitée d'intelligence et de force spirituelle, la France retourne contre elle-même ces facultés qui restent sans emploi dans la constitution étroite que lui fait l'ordre matériel. C'est ce que l'on voit apparaître mieux encore dans le jeu de l'institution où le génie national se personnifie dans son activité la plus intense. Si la presse, laissée à elle-même et à sa liberté, fait éclater tôt ou tard l'organisation sociale dont elle est une partie si essentielle, cela tient trop évidemment à la disproportion de ses forces avec le milieu restreint et borné de toutes parts dans lequel elle s'agite. Livrée à toute sa faculté d'expansion, si elle s'applique aux questions intérieures, elle devient un verre grossissant, une exagération systématique imposée par la loi de concentration littéraire qui, pour faire de l'effet, commande de frapper fort plutôt que de frapper juste; elle ne tient pas moins à la fatalité du métier qui, dans une concurrence ardente des organes divers de l'opinion, établit une course au clocher entre les idées et les systèmes où la victoire est à celui qui dépasse et distance ainsi tous les autres.

Or l'état de notre société laisse peu de choses à faire au point de vue des réformes; toutes les grandes lignes ont été tracées, toutes les assises sociales ont été établies; en un mot, toutes les libertés importantes, compatibles avec l'exiguïté et la mesure de la forme nationale, ont été, dès les premiers jours, retrouvées dans la révolution de 89. Elles allaient même au delà de la limite naturelle, puisque c'est pour l'avoir outrepassée qu'elles ont toujours perdu le terrain qu'elles avaient gagné, pour avoir subi surtout le monstrueux et inévitable commentaire de 93, qui arrive toujours à point nommé et au lendemain de toutes les réformes pour en réclamer les conséquences les plus extrêmes. Mais on a beau se révolter contre ce radicalisme de l'intelligence porté à se mettre toujours au-dessus des conditions de l'histoire et de l'humanité. S'il a le tort de paraître trop logique, c'est parce qu'il est au fond trop bien d'accord avec l'organisation actuelle des choses, dont la forme, se trouvant à la fois incomplète et cependant absolue, donne naissance à toutes les idées qui tendent à supplanter son système par la facilité qu'il leur offre de se substituer violemment à son principe.

Nous doutons qu'il soit jamais possible de revenir à la liberté politique tant qu'on n'aura pas le sentiment des difficultés fondamentales que produit l'ordre physique, tant qu'on ne partira pas de cette donnée pour mettre l'autorité hors de cause. Ce qui ressort des expériences du présent comme de tous les enseignements du passé c'est que l'autorité, de quelque nom qu'on la décore, à quelque principe qu'on la délègue, quelle que soit enfin la main qui l'exerce, fera toujours et nécessairement ce qu'elle a fait; qu'en toute circonstance, elle agira d'après l'esprit de son institution et dans les conditions de la nationalité qu'elle représente virtuellement. Si vous trouvez ces conditions excessives, absorbantes pour la liberté de l'individu, peu en rapport avec les tendances manifestes de l'esprit moderne, ce n'est pas à l'autorité qu'il faut vous en prendre, mais à la nationalité, posée par vous comme système exclusif et absolu, puisqu'il rend dès lors ces conditions indispensables pour qu'elle puisse se perpétuer et se maintenir.

Mais ici se révèle l'inconséquence du cœur humain, car personne ne veut sacrifier la nationalité que chacun regarde avec raison comme une portion de lui-même, la plus chère à son amour-propre comme à ses affections natives. Les théoriciens qui procèdent de la démocratie et dont les idées travaillent le plus à affaiblir, en la divisant, la constitution nationale dans son unité, sont précisément ceux qui poussent le plus à l'excès son principe, qui sont le plus intolérants dans l'application telle qu'ils la poursuivent partout, souvent au hasard et sans se préoccuper de savoir si les conditions s'en trouvent ailleurs réellement, qui la veulent surtout, pour eux et pour les autres, dans tout le rigorisme de son indépendance absolue. Puis, comme elle est démentie continuellement par les faits, réduits à en tolérer partout l'infraction, on les voit s'y soumettre avec la résignation muette du fataliste qui s'est heurté contre une force de répulsion qu'il ne comprend pas. Mais, par les effets de ce nouveau genre d'inconséquence, venant s'ajouter à toutes celles qui résultent de notre état social, il se forme ainsi ce conflit perpétuel d'impossibilités, d'idées impraticables, de questions sans issue, où flottent chez nous les intelligences : conflit auquel vient couper court le bon sens populaire en les rejetant, de guerre lasse, hors de la pratique commune, en les confinant dans la région des rêves et en se plaçant lui-même avec résignation sous cette loi de la règle traditionnelle, qui lui a du moins permis de vivre et de subsister sans avoir à consumer sa vie à poursuivre des fantômes sans consistance.

Le véritable régime de liberté est donc celui qui trouvera le moyen de laisser toute la latitude possible à l'exercice de l'action individuelle, en arrivant à sauvegarder l'autorité et la nationalité qu'on a vu, jusqu'à présent, incompatibles avec cet exercice, lors même qu'il est renfermé dans sa limite la plus étroite. Aussi le problème est-il insoluble tant qu'on ne le cherche pas dans la solution préalable de la question extérieure, et dans les rapports d'association générale qu'elle présente : eux seuls font aussitôt disparaître l'obstacle contre lequel on a vu chez nous se briser en tout temps le régime de liberté intérieure. Une école très-savante, où se concentrent peut-être les lumières et les plus hautes intelligences du pays, a eu chez nous la longue pratique du pouvoir, dans les conditions du système parlementaire qui était son œuvre et qui, naturellement, est resté son idéal. Mais, malgré tout l'éclat qu'elle a jeté, cette école, par sa nature formaliste, par son sens historique très-borné et tout circonscrit au jeu des détails auxquels elle rattache mal à propos l'action philosophique des idées, a contribué plus que toute autre à amoindrir le sens politique de la France. En la maintenant dans cette région intermédiaire où reste généralement la classe à laquelle elle appartient, elle s'est rendue elle-même impropre à juger des causes qui ont amené la chute du système qu'elle regrette. Elle prouve mieux encore son inintelligence à cet égard par ce parallèle qu'elle fait si souvent, et qui cependant est si concluant contre elle ; quand elle compare la facilité que la liberté politique a trouvée de tout temps à se maintenir en Angleterre, avec la durée précaire, l'état viager et plein de trouble, où elle s'est maintenue chez nous toujours suspendue entre la menace d'un coup d'État, ou d'une subversion radicale. Dans l'énumération complaisante des qualités sociales auxquelles cette école ne manque pas d'attribuer cette supériorité politique de nos voisins, elle oublie la cause la plus essentielle, celle qui détermine toujours les actes spontanés d'un peuple, et la direction instinctive que prennent ses idées, c'est-à-dire la loi du sol qui, mettant l'Angleterre à l'abri de toute invasion extérieure, permettait ces savantes évolutions de la liberté civile et cette guerre constitutionnelle des partis ; et c'est par la même cause de sécurité territoriale qu'on les voit également se développer dans des conditions semblables aux États-Unis. Dans ce défaut de suite qu'elle reproche si amèrement à notre pays, nous voyons se produire, au contraire, la logique naturelle des choses, et celle-ci justifie complétement le caractère national comme elle condamne ses détracteurs. Car il faut pour cela perdre de vue que la France, restant ouverte et accessible aux influences du dehors, cette situation lui fait, de l'unité politique absolue, une condition même d'existence, puisque cette condition résulte pour elle de la loi du sol comme elle ressort de toute la démonstration de son histoire.

Évidemment, et cela ne saurait faire question pour personne, dans l'état du monde et des idées générales, le gouvernement de discussion publique est le gouvernement par excellence. Assis sur les deux pôles de l'autorité et de la liberté qu'il fait mouvoir dans un cercle d'évolutions calculées par une pondération savante, il est le seul, en effet, qui soit compatible avec la dignité humaine, qui concilie le repos des peuples avec leur activité, et dans la sujétion de l'individu laisse subsister son indépendance. A tous ces titres il est appelé sans doute à former le régime définitif des nations éclairées par la civilisation moderne, du jour où elles auront trouvé ce point fixe qui doit le rendre possible pour elles, ce ressort dont nous avons voulu qu'elles pussent disposer dès à présent. Dans l'essai incomplet qui a été fait de ce régime, nous ne contesterons aucun des mérites de cette épreuve, accomplie au milieu de circonstances difficiles et qui après tout a été glorieuse et profitable au pays. A quelque point de vue qu'on l'envisage et quel qu'en ait été le succès, l'épreuve devait être tentée, puisque c'est par elle seulement qu'on pouvait avoir le sentiment de ce qui manque à ce système, de ce qui l'empêche, étant la raison supérieure des choses, de s'approprier à leur situation, de porter les fruits qu'il semble promettre, mais qu'il n'a pu jusqu'ici produire qu'imparfaitement. Nous seul, peut-être, après sa chute, nous sommes en droit de soutenir qu'elle ne saurait conclure contre lui : car c'est au milieu de ses grandeurs, en face des merveilles qu'il semblait enfanter en donnant l'essor à l'industrie et à la prospérité publique, dans le plein exercice de l'éloquence et des facultés nouvelles qu'il développait dans les jeunes générations, que notre voix s'est élevée pour lui signaler l'écueil qu'il rencontrerait tôt ou tard. Comme aujourd'hui, en lui indiquant les moyens d'éviter une défaite que nous aurions voulu lui épargner, nous lui disions qu'ajoutant une division à toutes celles qui existaient déjà au fond de l'organisation européenne, il avait le tort de demander une application prématurée de son système à un ordre de sociétés qui n'étaient pas préparées pour le recevoir : qu'en faisant, pour la France, coexister à l'intérieur deux principes constitués à l'état armé et dans une tension hostile, il la tenait suspendue entre une double catastrophe toujours prête à sortir du moindre choc accidentel, soit qu'elle vînt du dehors ou qu'elle éclatât au dedans, soit que, produite des deux côtés à la fois, elle se fît jour par une crise inattendue.

Tant que le régime des nationalités exclusives fera au pouvoir une condition essentielle de l'unité absolue de l'administration, de l'entretien d'une force militaire immense, d'une organisation tendue tout entière à la défense et au maintien du système social contre les causes extérieures qui menacent sa sécurité, il y aura inconséquence à rechercher contre lui des garanties qui seront toujours illusoires, ou bien à réclamer des institutions qui, quoi que l'on fasse, finissent par être, en effet, autant de portes ouvertes à l'affaiblissement du principe de la nationalité. Plus qu'à tout autre pays, il est interdit à la France d'être libre, dans ce sens qu'il ne lui est pas permis de rien contester à son gouvernement : car tout ce qui limite sa prérogative, tout ce qui entrave son action et lui crée des embarras, retombant par le fait à la charge de l'intérêt général, deviennent autant de crimes de lèse-nationalité.

L'expérience qu'on n'avait pas alors est venue depuis, et elle s'est faite des deux côtés d'où l'on devait naturellement l'attendre. Il doit être prouvé maintenant ou jamais que sans l'association qui affaiblit la pression extérieure en la reportant plus loin, en la tenant à distance, ou soumise à une règle de réciprocité commune, la liberté restreinte dans son application à la nationalité isolée, demeure éphémère, sujette à toutes les vicissitudes par lesquelles nous l'avons vue passer, médiocrement désirable, puisqu'elle sera toujours susceptible d'être sacrifiée inévitablement à la moindre péripétie qui viendra compromettre la sécurité publique et les intérêts qui se fondent sur elle. Ce mouvement péristaltique qui se fait au cœur d'une nation, semblable dans ses effets de vitalité active et généreuse à celui que produit la circulation du sang dans l'économie de l'être animé, qu'un rien aussi peut déranger et dont le trouble apporte aussitôt la mort à l'organisation merveilleuse mais délicate qui respire, sent et pense par cette impulsion; en un mot, cette combinaison savante de l'harmonie des pouvoirs, chef-d'œuvre du génie humain, mais vainement rêvée jusqu'à nous par toutes les nobles intelligences, manque dans la pratique restreinte par toutes les causes que notre exposition a mises ici en lumière. Sa réalité n'éclate pas moins dans les effets opposés qu'elle atteint, là où cette pratique est entière et se trouve favorisée par la disposition des choses : c'est qu'alors elles sont coordonnées dans le sens où nous les avons décrites, en essayant de les amener par une disposition semblable à produire pour nous des résultats équivalents.

Si l'on veut sincèrement que le système cesse d'être agressif, que la liberté politique ne soit plus comme elle l'est fatalement, dans l'état national exclusif, une anarchie organisée, une guerre civile en permanence ; qu'elle dépende pour sa durée, de tous les hasards de l'extérieur, comme du souffle inattendu des révolutions, cette condition doit se chercher non pas à l'aide des fictions constitutionnelles qu'on faisait intervenir autrefois dans le jeu des pouvoirs, et d'ailleurs destituées désormais de toute autorité et de tout prestige ; mais dans le concert des nations associées. Lui seul apporte, avec une efficacité naturelle, ce balancement de forces contraires d'où résulte partout l'harmonie, et par le sentiment qu'il fait prévaloir d'un intérêt commun et plus élevé, il a seul le moyen de tenir en équilibre les intempérances ou les entraînements des oppositions partielles.

Si la civilisation mérite son nom, elle doit s'interdire les procédés de la barbarie, ou ne s'y résigner qu'à regret pour une nécessité transitoire, jusqu'à ce qu'il s'offre à elle une de ces situations qui se dessinent tout à coup, et forment, en se réalisant, une phase décisive dans l'histoire de l'humanité. Aux dominations générales devenues impossibles, aux nationalités anarchiques et aux luttes de gouvernements tout aussi incompatibles avec l'esprit et les besoins de notre époque, doit se substituer un ordre où se réunissent et se concilient les avantages des deux systèmes, où tout ce qui est aujourd'hui élément de destruction se transforme en un principe fécond d'activité, pour une œuvre pacifique à laquelle chacun apporte sa part de concours et d'intelligence ; un ordre enfin où tout a sa place marquée, où le faible est l'égal du fort, où le fort lui-même, trouve sa grandeur et sa sécurité dans la protection qu'il exerce. Le monde ne peut rester dans cet état violent et indécis, retenu hors de sa voie, entre la foi mal éclairée des masses et le scepticisme des hommes qui les instruisent ou qui les dirigent.

Malgré les affirmations de ceux qui s'en tiennent toujours aux notions superficielles, on n'obtiendra pas l'abdication de la Russie à moins de l'une de ces guerres gigantesques où l'ordre social risque de périr et de s'abîmer au milieu des convulsions qu'elles provoquent. Il y a là, quoi que l'on dise, autre chose qu'un gouvernement périssable et des armées qu'on peut toujours défaire, et pour notre part si nous n'avions eu à compter qu'avec de pareils obstacles, ils nous inspireraient un médiocre souci. Mais comme on devra l'éprouver, la victoire est ici presque aussi à redouter que la défaite, et elle peut mettre l'alliance occidentale en face d'un principe qu'elle n'a pas le droit de dédaigner, puisqu'il est analogue à celui qu'elle défend. Mais qu'on le reconnaisse, avec les formes et les garanties nouvelles qu'il apporte à l'ordre européen, et à son tour il va faire tomber les armes des mains de l'ennemi, et la guerre enfante aussitôt la paix à des conditions qui ne l'obligera plus de renaître, et la plus vaste évolution va pour la première fois s'accomplir dans le monde sans effusion de sang, sans qu'il en coûte une larme aux peuples, aux acclamations de tous les opprimés qu'elle affranchira, à la satisfaction unanime de tous les intérêts qu'elle va consolider, et la France et l'Angleterre fondant leur liberté intérieure sur leur union collective avec l'Occident, auront bien mérité du genre humain, et le triomphe qu'elles auront acquis, mieux encore, l'exemple qu'elles auront donné, leur comptera à jamais dans la reconnaissance et le culte de tous les siècles.

Nous avons donné à la civilisation, pour assurer son triomphe, bien plus que la répression armée, sans lui contester du reste le droit d'y recourir et d'en faire usage. Mais en l'employant d'abord, comme elle l'a fait très-justement, elle doit, selon nous, conserver l'attitude du héros qui fut le second fondateur du Temple chez les Hébreux : d'une main il tenait le glaive qui repoussait à distance les hordes ennemies, lorsqu'elles cherchaient à interrompre son travail, de l'autre il maniait la truelle qui lui servait à édifier le monument destiné à être la résidence visible du Dieu de paix et le symbole de l'union des hommes sur la terre. C'est à la raison éclairée du parti libéral que nous en appelons, puisqu'il forme, après tout, l'opinion nationale proprement dite, puisqu'aucune dissidence sérieuse et dont on ait à tenir compte dans notre époque ne peut s'en séparer dans la théorie sans y rentrer bon gré mal gré par la pratique; puisque cette dénomination comprend chez nous le pouvoir dans ses aspirations progressives, comme elle comprend également la démocratie pratique et toutes les nuances de cette opinion mixte et modérée qui, loin de rompre avec les gouvernements, se contente de vouloir qu'ils puissent se modifier par les institutions dans le sens le plus favorable à la liberté.

Tant que l'opinion a été, comme le pouvoir, dominée par des traditions incomplètes, qu'en s'arrêtant à de vieilles idées historiques désormais sans valeur et sans autorité, ses organes se sont crus obligés, par patriotisme, de pousser les gouvernements dans cette voie, nous le concevons; puisque la notion contraire, celle qui rend à chaque chose sa signification précise, lui manquait, puisque en effet cette notion ne pouvait s'acquérir que par l'expérience en grand que l'Europe est en train de faire dans la situation nouvelle où elle se trouve. Mais à présent que le libéralisme de notre temps la possède, il peut voir, par les enseignements qu'elle lui apporte, d'où lui sont venus ses échecs et son impuissance dans le passé, pourquoi, avec les meilleures intentions et inspiré par un juste sentiment du droit, il a eu tort, néanmoins, de s'en prendre aux gouvernements et d'exiger d'eux ce qu'ils ne pouvaient pas faire : il peut s'assurer également qu'il ne tient plus qu'à lui d'aborder la véritable réforme, celle qui termine la guerre au dedans comme elle la termine au dehors, celle qui met hors de cause l'autorité et la liberté, et lui fait reprendre à lui-même sa juste influence dans le gouvernement de la société. Il déserterait donc sa mission, il compromettrait essentiellement son propre caractère s'il s'acharnait à perpétuer le malentendu des idées, à maintenir les causes physiques et fatales qui lui ont fait manquer jusqu'ici la rénovation qu'il se propose.

Qu'arriverait-il d'une conduite contraire? Restant sans action sur le mouvement extérieur qui lui échapperait toujours, méconnaissant la constitution réelle de l'Europe et les aspirations intimes des peuples, n'ayant aucun plan spécial à opposer à celui que la pratique reconnue des temps a fait suivre aux gouvernements, et pour le maintien de laquelle ils ont été constitués, il serait comme eux la guerre et la division, sans avoir comme eux les avantages d'une direction ferme et continue ; il ferait flotter éternellement la société dans le vague et l'insuffisance des seules notions où il s'attache, à l'éternelle déconsidération des idées, car par la faute des hommes qui les représentent et après toutes les expériences dont ils sont restés eux-mêmes les victimes, ces idées n'auront jamais pu se dégager de leurs contradictions. Mais en persistant dans cet aveuglement volontaire, ils auront fait perdre à notre pays la plus magnifique occasion qu'il puisse jamais rencontrer de sceller le pacte définitif de l'union des peuples et de leur félicité terrestre.

En revanche, cette gloire est assez neuve pour tenter la pensée méditative et puissante qui, en faisant acte de législateur souverain, a promis à son œuvre *le Couronnement de l'édifice*. Si les révolutions, et c'est là notre avis, ne doivent plus venir des masses ni se faire par en bas, c'est à la condition de se faire par le haut de la société, quand elles sont reconnues nécessaires et légitimes, comme toutes les grandes réformes qui ont vécu et sont passées à l'état d'institutions fondamentales. Bien au-dessus des concessions de détail qui altèrent toujours l'unité de direction, nous mettons la création conçue tout entière au profit des classes élevées et de leur ascendant moralisateur de ce pouvoir international que nous avons décrit, donnant l'essor à la véritable liberté, celle de l'opinion qui n'a pas dans les constitutions en vigueur d'institution appropriée à sa nature, où elle puisse se prendre et se rattacher. Car c'est par là seulement que l'opinion se montre sous l'aspect de pouvoir régulateur propre à exercer une pondération intermédiaire entre l'autorité et la liberté ; que marquant à chacune leurs limites, elle s'impose de part et d'autre avec le double caractère de tempérament comme d'impulsion spéciale. Nous avons dit ailleurs avec étendue [1], quel rôle magnifique est dévolu à la presse dans ces conditions nouvelles, où organe de cette opinion éle-

---

1. Voir, au tome II de la *Politique de l'Histoire*, le chapitre intitulé *Paris-Empire*.

vée à l'état de pouvoir actif, elle en partage naturellement les prérogatives et se trouve associée à leur exercice.

Après avoir été conduit à formuler cette idée sous l'inspiration première de la pensée de l'Empire, ce n'est pas en le retrouvant debout et réédifié par l'élan des libres générations de notre temps, que nous pourrions avoir moins de confiance dans la vérité que nous avons poursuivie sans relâche depuis près de vingt années. Mais quand la Providence, en élevant un homme au-dessus des autres, lui a imprimé une marque aussi visible de la mission où elle l'a prédestiné entre tous, quand il lui a été donné de pouvoir seul tout achever dans ce qui avait été ébauché avant lui, d'atteindre à ces limites du possible, que les plus grands génies n'avaient pu qu'entrevoir dans leurs conceptions les plus sublimes, comme dans leurs espérances les plus exagérées et les plus lointaines, il est permis de lui dire qu'il reste une gloire surhumaine à conquérir et qui laisse bien loin d'elle la gloire des guerriers et des conquérants. C'est d'attacher à son nom et à son passage sur la terre, cette date immortelle d'un ordre créé pour l'humanité tout entière, faisant entrer les sociétés dans un état nouveau, où la guerre aura servi à fonder la paix du monde, où le pouvoir retrouvant dans l'alliance des peuples les conditions de la liberté réelle, se sera employé de lui-même à l'établir et à l'asseoir sur cette base, dans une relation complète et définitive avec l'ordre naturel d'où elle émane.

FIN.

Ch. Lahure, imprimeur du Sénat et de la Cour de Cassation,
rue de Vaugirard, 9.

www.ingramcontent.com/pod-product-compliance
Lightning Source LLC
LaVergne TN
LVHW021719080426
835510LV00010B/1039